ロゴロジック　　　　　　　　　　　Logo Logic

目次

3	はじめに	
5	メイキング・ロゴ	How to Make Logo
21	公共	Public
39	企業・団体	Corporate
57	不動産	Real Estate
77	ホテル＆ファシリティ	Hotel & Facility
87	ブランド	Brand
105	エコロジー	Ecology
117	ショップ＆レストラン	Shop & Restaurant
135	医療・健康	Health & Welfare
145	文化	Culture
163	プロフェッショナル	Professional
181	ロゴデザインの基礎知識	Basics of Logo Design

はじめに

かつて、ロゴデザインはグラフィックデザイナーだけ
が創ることのできる神聖な仕事であった。正確な
線が引ける、円や幾何学図形が描けるスキルが
アマチュアには到底まねのできないことだった。
しかしながら現在は、コンピューティングの発達に
より誰もが正確な線や図形を描けるようになり、
ロゴの精度もプロとアマの差が見えなくなった。
しかしこれはロゴデザインの精度ではない。
ロゴはロジック、論理で説明できないものは
アートではあってもデザインとは言えない。
本書は、一億総デザイナーの世界になり、玉石混淆
のロゴのあふれる中にあって、良いロゴとは何か、
デザインの本来の価値はどこにあるのかを明確に
しようとしたものである。アマチュアを駆逐して
プロの仕事を守ろうということではない。実際、
アマチュアでも、ロゴデザインでは一度か二度なら
瞬間最大風速を出して、100点満点の仕事が
できうるカテゴリーである。
アマチュアにはしっかり見識を深めてより良い
ロゴを創っていただく指針となり、プロにはロゴの
本質を再確認していただき、さらなる創造への
足がかりとなり、両者とも高いレベルで競合して
ほしいと願う。また、デザイナーを志す人には、
目で確認できる教科書となるものを目指した。
さらには、ロゴを使う企業や生活者には、企業や
商品のクオリティをロゴで見分けられるような
尺度が提供できないかと考えた。

高田雄吉

CID Labは

1994年に高田雄吉が設立した、CI、ブランディングを専門にする
関西では希有なグラフィックデザイン事務所。
CIDはCIのDesignの意味。CID設立以前に在籍していた
アイ・エフ・プランニング時代に制作したものを含め、
高田と片腕である湊誠二が制作し、世に送り出したロゴは
200点を超える。

本書は

デザインであり、ビジュアルであるロゴを解説したものであり、
できる限り言葉よりビジュアルで解説するよう努めた。
各々のロゴの下に記しているロゴ制作のプロセスと構造を
理解していただけたら幸いであります。

略語表記について

アートディレクター	ad
クリエイティブディレクター	cd
代理店	ag
CG制作	cg
クライアント	cl
デザイナー	d
プロデューサー	pr

メイキング・ロゴ　　　　　　　How to Make Logo

オファー&オリエンテーション

仕事のオファー(依頼)の相手先は、大きく
3とおりある。

1. クライアントから。
依頼主であるクライアントから直接依頼がある
場合は、まず、こちらの存在を知ってもらっていない
ことには、依頼のしようがないので、知人であるか、
紹介、デザインセンターの斡旋などがある。
最近ではネットで検索して、コンタクトをとって
こられるケースも考えられる。ダイレクトなので、
事はスピーディに運ぶが、デザインに至るまでの
代理店的な業務が付随する。

2. 広告代理店から。
代理店の外注リストにあると、適材適所で仕事が
依頼される。

3. プロダクション、プランナーなどから。
筆者の場合は、業界ではCIデザインやロゴデザイン
を専門にしていることは、良く知られているので、
広告関係のクリエーターからの依頼もある。

ただし、2や3のケースでもクライアントと直接
ヒアリングする機会を持つことが望ましい。
間に入っている代理店やクリエーターがよく
わかっている人の場合は問題ないが、デザイナーが
ヒアリングすることで、クライアントの想いの
強弱やニュアンスがわかったり、デザイナー
ならではの問いかけや受け止め方ができることも
あるからだ。

条件設定

オリエンテーションでは、制作に着手する前に確認しておきたい条件がある。

業種は
社名やブランドは将来において営業内容や業態が変化する可能性があり、その確認をする。

ネーミングは確定か
社名やブランド名が決まらないとロゴのデザインはできない。シンボルマークの場合はコンセプトが決まっているなら、ある程度はアイデアを練っておくくらいはできるが、ロゴタイプの場合は100％不可能である。

シンボルマーク＆ロゴタイプか、ロゴタイプか
シンボルマーク＆ロゴタイプスタイルは、企業などでバッジや社旗に使って志気を高めたい場合、ロードサイドのショップなどで遠くからでも認知しやすくする場合、などに有効。
ロゴタイプスタイルは、商品や、ショップやレストランなど、名前を覚えてもらうことが購買に大きく影響する場合、などに有効。

ロゴタイプは和文か欧文か
シンボルマークとセット（シグネチュアと言う）にするときにどちらを使うか、あるいは優先するか。従来は、シンボルマーク＆欧文のシグネチュアとシンボルマーク＆和文のシグネチュアの両方を設定していたが、最近では、シンボルマーク＆欧文のシグネチュアだけを設定し、和文のロゴタイプは単独で使うケースも増えている。国際化の影響と、和欧両方創ると見た目の印象が変わってくるからだ。

使用範囲は
一般的な企業であれば、ステーショナリー類（名刺、封筒、便箋）、サイン、車輌など。

ターゲットは
見る人と使う人の中心となる男性または女性の年齢層、独身者かファミリーか、あるいは富裕層か中流層かの設定。

デザイン案の数
デザインフィー（料金）とも関係するが、通常は3案程度。大型案件になると10案とかそれ以上もある。

プレゼンテーションの形式
最もポピュラーなのは、A1程度のパネルと、手元資料としてA4またはA3のシートを用意するケースである。映像にしてプロジェクターで見てもらうこともある。

デザインフィー
ロゴデザインは、ロゴの基本デザイン料（シンボルマーク、ロゴタイプ、シグネチュア設定、カラー設定）、アプリケーションデザイン料（ステーショナリー類、サイン、車輌などのデザイン）、マニュアル制作料（1-3ページのマニュアルシートの場合もある）の3本立て。

Case 1　京都橘大学

条件設定

テーマは
「京都橘大学」、「京都橘高等学校」および
「京都橘学園」の共通シンボルマークである。
複数の名称で共有するシンボルマークは必要。

ネーミングは
「京都橘女子大学」から男女共学へ移行。
「京都橘大学」に。高等学校は先行して共学に移行
していたが元のシンボルマークを使用していた。

ロゴタイプは
和文が基本となるが、海外との交流もあり、
英文表記も必要。

使用範囲は
ステーショナリーや学校案内をはじめ、校舎サイン、
交通サイン、学生証など、グラフィック。交通広告、
新聞広告、Webなどの広告制作物への展開が
考えられた。

ターゲットは
在学生、教職員、高校生のみならず、保護者や
企業人、地域住民、海外の学校関係者など
あらゆるエリアと階層にわたることが想定された。

デザイン案の数とプレゼンテーションの形式
長期にわたって使用する前提で、厳密な検討が
求められるため、案は6〜10案程度とした。
形式はA1のボードで提案。手元資料としてA4判
のシートも用意した。

コンセプト設定

教学理念
「自立、共生、臨床の知」

ブランドコンセプト
自立　→　安定感
共生　→　自然と人間

イメージ照準
信頼性、社会性、知性

機能照準
独創性、展開性、耐久性、国際性

女子大、女子校ではなくなるため、女性だけ
でなく男性にも好感を持たれるデザイン。

市場調査　　　　　　　　　　　　　　　　　　　　**コンセプト**

他大学調査　　　　　　　　　　　　　　　　　　　　コンセプトシート

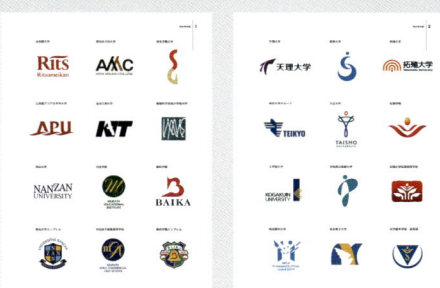

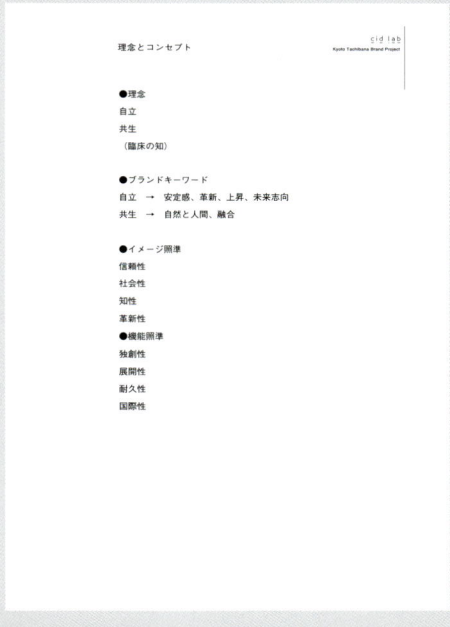

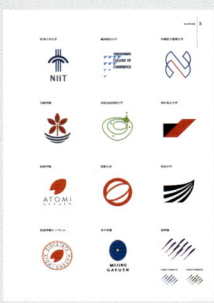

他の大学のロゴと類似でないことは最大の前提条件。商標調査でOKが出る確率が高くても、一度似ていると思われると、それを払拭することは難しい。事前に一覧できるように用意しておく。

学園内で学園事務局、大学、高等学校のメンバーで「ブランドプロジェクト会議」が設定され、何度か協議した。デザイナーとしてのコンセプトを策定する。イメージの確認のため、コンセプトシートはプレゼンテーション時にも再提出する。

プレゼンテーション

第1回目プレゼンテーション

デザイン提案として第1回目は8案提案した。
この時点では校名ロゴタイプも2案提案している。
ここに至るまでに2度デザイン案をお見せして、
イメージの方向性を探りながら修正していくこと
になったので、今回はイメージマップを作成
しなかった。

決定プロセス

アンケート用シート　　3案に絞り込んだ最終プレゼンテーション

「ブランドプロジェクト会議」で、全教職員と学生によるアンケートを実施することになった。
8案は「ブランドプロジェクト会議」で5案に絞り、アンケート調査でさらに3案に絞り、理事会で最終1案を決定するという、公平かつ慎重な方法が採られた。
3案に絞るにあたっては、カラーも再検討し、欧文シグネチュアなども同時に提案。
名刺への展開も添付して、実際に使われたときの状態で確認してもらうと、一般の方にはわかりやすい。また、小サイズでも使えることの確認でもある。

商標調査　　　　　　　　　　　　　　　決定・告知

商標調査報告　　　　　　　　　　　　　新ブランドマーク決定告知ポスター

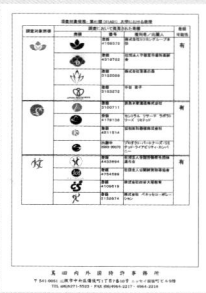

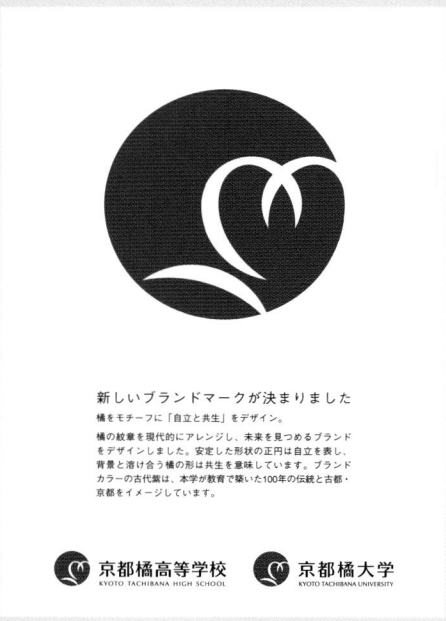

3案に絞り込んだ時点で、事前に商標調査にかける。
案が多い段階では調査コストがかかりすぎ、
1案に決定してからでの調査では、その案に類似が
あると予定の時期に間に合わなくなるおそれが
出てくるためだ。
調査結果は3案とも無事登録可能という回答
であった。

インナーでのアンケートを実施したので、一般発表
に先立って学内で告知をした。

マニュアル

マニュアル

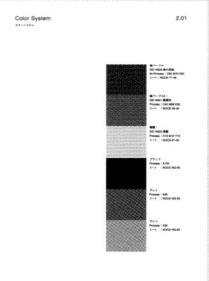

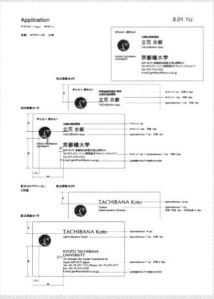
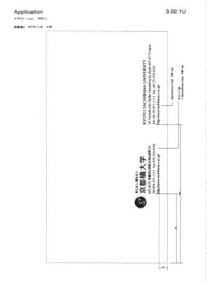
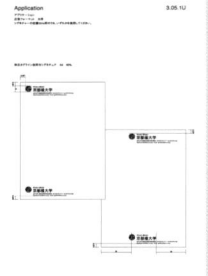

以下はマニュアルの抜粋である。マニュアルは、ベーシック、アプリケーション、注意禁止事項のページで構成される。上段はベーシックマニュアル、下段はアプリケーションマニュアルの部分。2010年には中学校が開校されたり、タグライン付きのシグネチュアを追加することがあり、現在では50ページほどに及ぶ。
CIは日々継続していくものなので、2〜3年後には変更や追加があることを想定し、改訂可能な形式にする。従来は印刷してバインダー形式の製本が主流だったが、プリンタのクオリティの向上などで、現在はクリアファイルにプリントアウトをセットすることが多いようだ。というのは、マニュアルは本来社外秘で、全国平均がどうなっているのかは不明だからだ。

Case 2　阪急 宝塚山手台

条件設定

業種は
「阪急 宝塚山手台」は住宅地であり、「山手台」は町名でもある。

ネーミングは確定か
「阪急 宝塚山手台」で確定。

シンボルマーク+ロゴタイプか、ロゴタイプか
宅地の販売、建て売り住宅の販売、マンションの販売に使用するため、複数の住宅メーカーとの共同事業もありシンボルマークが有効と考えられた。

ロゴタイプは和文か欧文か
不動産の広告は、ロゴとは別個に地名が和文で大きく扱われることから、シンボルマークの一部として欧文が望ましく思われた。

使用範囲は
不動産のロゴは、交通広告、折込チラシ、Webが大半で、ほぼカラー印刷で、多色のロゴも可能である。
他は販売センターのサイン、のぼり、名刺、パンフレットなどでこれらは広告に比べると訴求度は低い。

ターゲットは
阪急宝塚線沿線において、最後の南斜面の物件と言われ、交通の便も良く永住を目的とするケースが予想され、中流層以上のファミリーを設定。決定権は主婦になる場合が多い。

デザイン案の数
宅地の販売時期が迫っており、3案程度とした。

プレゼンテーションの形式
クライアントに対して過去に実績もあり、A4のシートで提案。

コンセプト設定
代理店によりすでに「阪急宝塚山手台」のコンセプトは提案されており、そのコンセプトに沿って、ロゴを考える。

案件特性
・阪神間の山の手南斜面の高級物件
・神戸から大阪湾を望む眺望
・阪急が開発するビッグプロジェクト

イメージコンセプト
"ADRESS OF MY LIFE"
── ここに住む人たちが愛し評価する場所
異例のことではあるがロゴのキャンペーンを展開することが決定されていた。というのは、以下のキーワードからネットでアンケートを募り、上位の複数のキーワードをテーマにロゴをデザインします、というものだ。
6つのキーワードは上位から「空の街」、「緑の街」、「光の街」、「彩の街」、「詩の街」、「水の街」となり、上位4番目までをモチーフとして考えることにした。

アイデアスケッチ

ラフスケッチ

アイデアは脳で考える。
　脳→手→鉛筆→紙　VS
　脳→手→マウス→描画ソフト→モニタ
とでは、どちらが脳と直結しているか。答えは
明らかだ。ソフトを介している分だけ脳の考えた
像から遠ざかっていく。一見シャープな線が
描けるので完成品であるかのように錯覚して
しまうが、類型に陥りやすい。マウスも曲者である。
これは線を引くには難しい。タブレットペンを
使う手もあるが、精密さでは鉛筆にかなわない。

コンピュータは作図とバリエーションを複数つくる
には優れた道具なので、鉛筆スケッチで
できるだけアイデアの大半を視覚化し、しかる後に
コンピュータで比較検討していくのが効率がいい。
ただし、最後まで手書き、あるいは最初から
コンピュータもまた、ありうる手法だ。

デザイン

プレゼンテーションに至るまでの試行錯誤

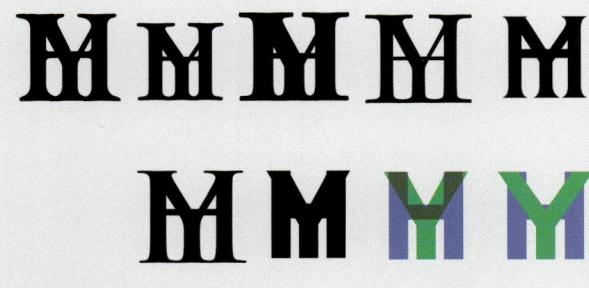

作業は、手書きからパソコンに移行する。
アイデアの形の方向性が決まってくると、形や
カラーのバリエーションを検討するには、
パソコンの方が有利である。

プレゼンテーションシート

プレゼンテーションシート A,B,C

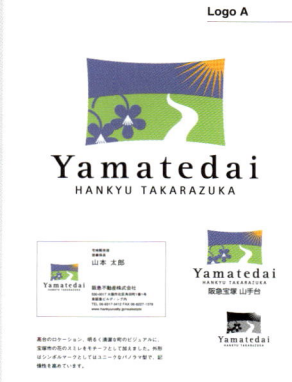

A4シート。名刺への展開は通常お見せする。
実際に使われたときの状態で確認してもらうと、
一般の方にはわかりやすい。また、小サイズでも
使えることの確認でもある。
プレゼンテーション時では、HANKYUの文字が
入っているが、物件広告では見出しで阪急の
文字を必ず打ち出すので、ロゴではカットする
ことになった。

カラー検討

カラー検討

決定案に対して、主に好みが分かれる
バイオレット色に注目して検討された。中央は
2色での検討。決定案は上から2番目。
右はナイトバージョン。創ってみるが提案せず。
右下はアートワーク。

デザインマニュアル

マニュアルシート

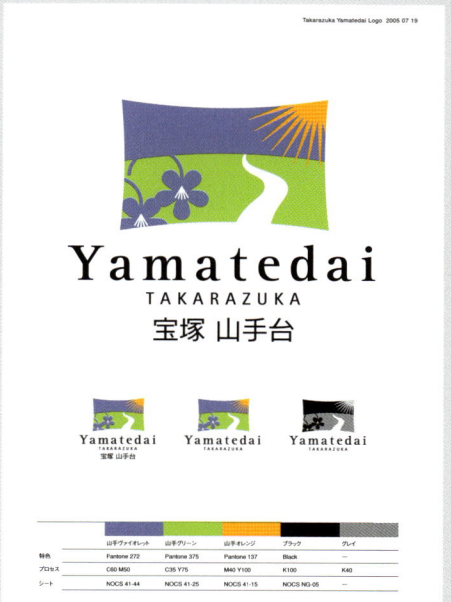

大手企業ブランドでは、マニュアルが100ページ
にもわたりバインダー形式にすることもあるが、
不動産の場合使用範囲が狭いので、シート数枚で
完結する。ロゴには和文付きバージョンとモノクロ
バージョンを必ず設定する。
特色の色指定、カラー印刷でのCMYKの
パーセンテージ、カッティングシートの指定を
表記する。

公共　　　　　　　　　　　　Public

愛知万博誘致
21世紀万国博覧会誘致

Promotion for Aichi World Exposition

「技術と文化」、「世界と日本」、
「自然と人」の交流と調和を表現した。
コンペグランプリ。
cl. 21世紀万国博覧会誘致委員会
ad. d. 高田雄吉
1992

技術と文化の調和 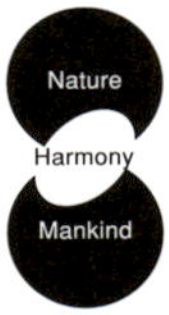　　自然と人の調和

世界と日本

原案

シンボルマークは一般公募で、3000点の応募があった。ある日、愛知県から電話があり、あなたの応募作が最終まで残っているが、相談したいことがあるという。原案は上が赤で下が緑だったが、逆にできないかということだった。筆者は日本で開催するのだから赤を強調したのだが、テーマがどんどん環境寄りにシフトしたこともあり、緑を前に出したいとのこと。形態はそのままカラーだけの変更ならクオリティは保たれる。賞金もかかっていたので、問題なくOKした。

本番のシンボルマークはプロのロゴデザイナーでなく、アーティスト中心の指名国際コンペとなった。万博の始まる2年前、名古屋のさるディレクターから連絡があり、仕事の依頼があった。なぜ私に？と尋ねると万博誘致当時、名古屋の代理店のスタッフは、ほぼ全員誘致ロゴのバッジをつけており、一度このデザイナーに頼んでみようということになったそうだ。その時点では誘致ロゴは本番のロゴにチェンジされていたのだが、名古屋での仕事はその後も続き現在に至っている。

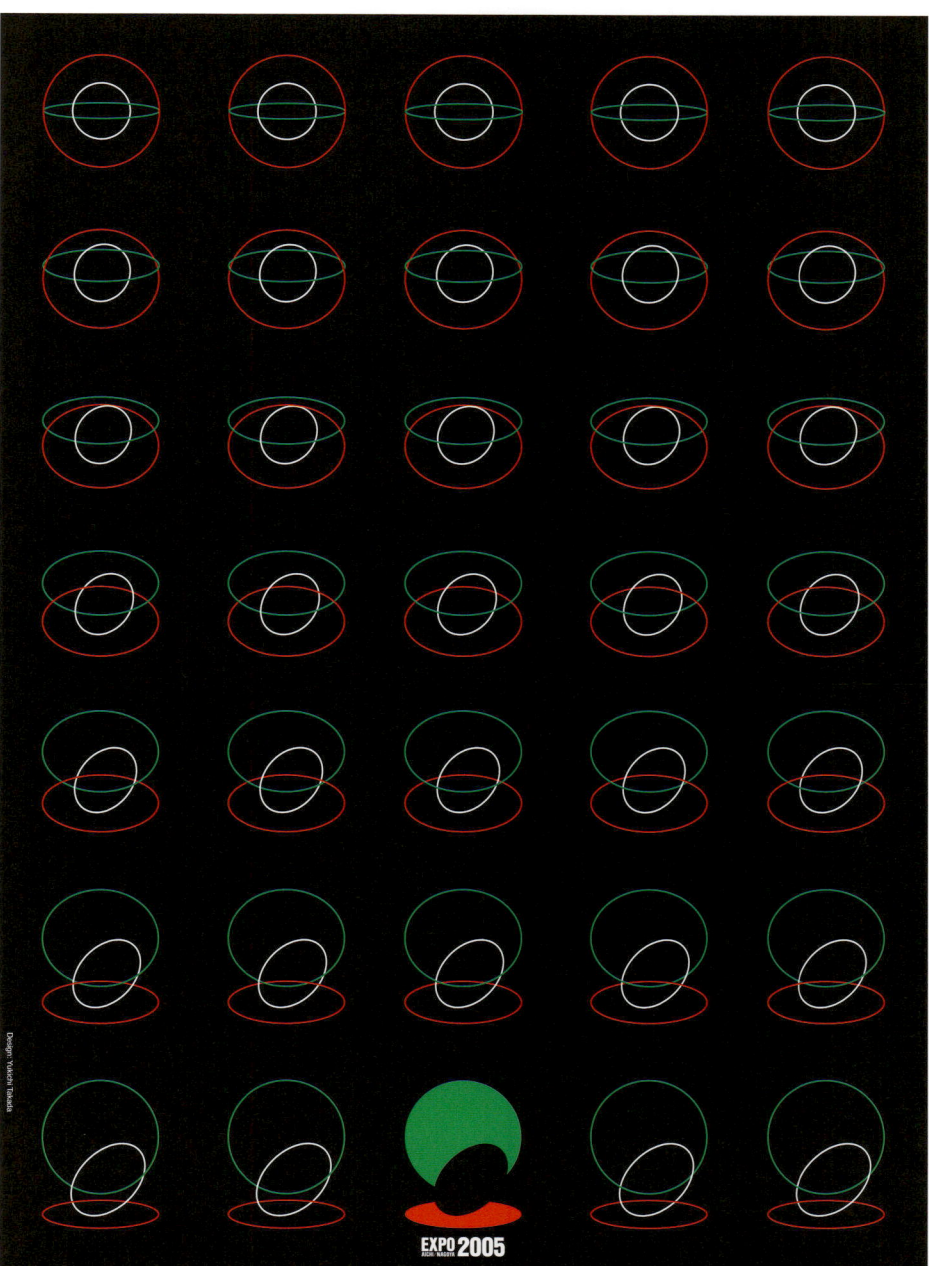

イメージポスター

2008 大阪オリンピック招致

Osaka 2008 Olympic Bidding

大阪オリンピック招致

大阪2008オリンピック招致のサブグラフィックは、
スポーツパラダイスのシンボルとして、
情熱、環境、活気のエレメントを集合させている。
cl. 大阪市オリンピック招致委員会
ag. 博報堂
ad. 杉崎真之助
d. 高田雄吉、鈴木信輔
2000

情熱
Passion

環境
Environment

活気・ホスピタリティ
Vitality and Hospitality

大阪オリンピック招致のロゴは、桜のシンボルマークが先行して展開されていた。ややインパクトが弱いという意見があり、創り直すことも提案されたが、すでに巨大なサインに展開されていたりして、変更すると影響が大きすぎるということで桜マークはそのまま使用し、サブグラフィックを開発することになった。シンボルマークは、正式立候補都市になったことで五輪のマークをセットできるようになり、シグネチュアをリデザインした。サブグラフィックは、3つのテーマを合体させたバージョンと各々個別に使うバージョンを設定した。バナーやポスターでは展開のバリエーションが生まれ、広がりのあるデザイン表現が可能となった。先輩、杉崎真之助のディレクションによってダイナミックなプロモーション表現が生まれた。大阪は残念ながら中国初のオリンピックを目指した北京の新鮮さに敗れた。しかしながら、万博とオリンピック、両方のロゴに関わったデザイナーはめったにいないであろう。貴重な経験をさせていただいた。

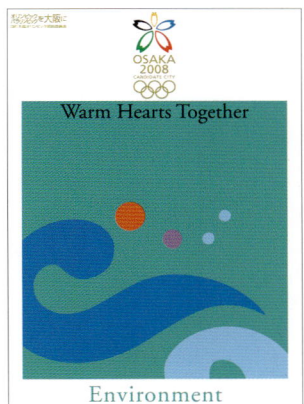

招致キャンペーンポスター　　　　　　レターヘッド

ドーンセンター
女性総合センター

General Information Center For Women

情報発信、ネットワークの広がりをイメージさせ、
新しい時代の夜明けを表している。
コンペグランプリ。
cl. 大阪府
ad. d. 高田雄吉
1993

イニシャルD

夜明け

情報発信

大阪府発の全国コンペであった。
原案は、赤と白のストライプ部分の中心部が赤で、
女性の乳房のイメージでもあったのだが、
男女雇用機会均等法の施行直後でもあり、
あまり女性を前面に出したくないということで、
中心を白に修正した。採用後、これまでの実績を
認めていただき、ロゴタイプとマニュアルの
仕事も受けることになった。建築の外壁に設置
するサインデザインについては、建築家と協議し、
提案もした。

イメージポスター

ラクト山科
市街地再開発

Urban Redevelopment

4棟にわたる街の位置関係を、京の都の碁盤の目、
さらにRのイニシャルとオーバーラップさせ、
都市計画の思想をビジュアライズした。
cl. 京都市
ag. DGコミュニケーションズ
cd. 斎藤文雄
ad.d. 高田雄吉
1997

イニシャル R

4棟にわたる街

碁盤の目の街区

RACTO

市街地再開発エリアは、ホテル、百貨店、地元の商店街、マンション、スポーツクラブ、銀行、役所の施設、パチンコ店などで構成され、その中ではマンションの広告展開が最も先行するため、マンション担当の代理店から急ぎの依頼であった。ネーミングはコンペで、近々決定になる予定で、あるネーミングに決まりそうだと言う。ロゴのデザインは指名でいただき、急ぎ進めていたが、決定したネーミングは有力視されていた案ではなく、洛東を意味する「ラクト」であった。またまた急ぎ、頭を切り換え、ロゴも再開発である。開発エリアは4つのブロックに分かれ、複雑で認知しにくいので、街の平面図をモチーフとして考案した。
エリア内のホテルは、偶然にも以前ロゴをデザインしたブライトンホテルであった。このときはホテルからの依頼はなかったが、外壁のサインの仕事にも関わったので、ホテルのロゴをレイアウトする際に、かつて創った自分のロゴをこちらの代理店からホテルに請求していただいた。

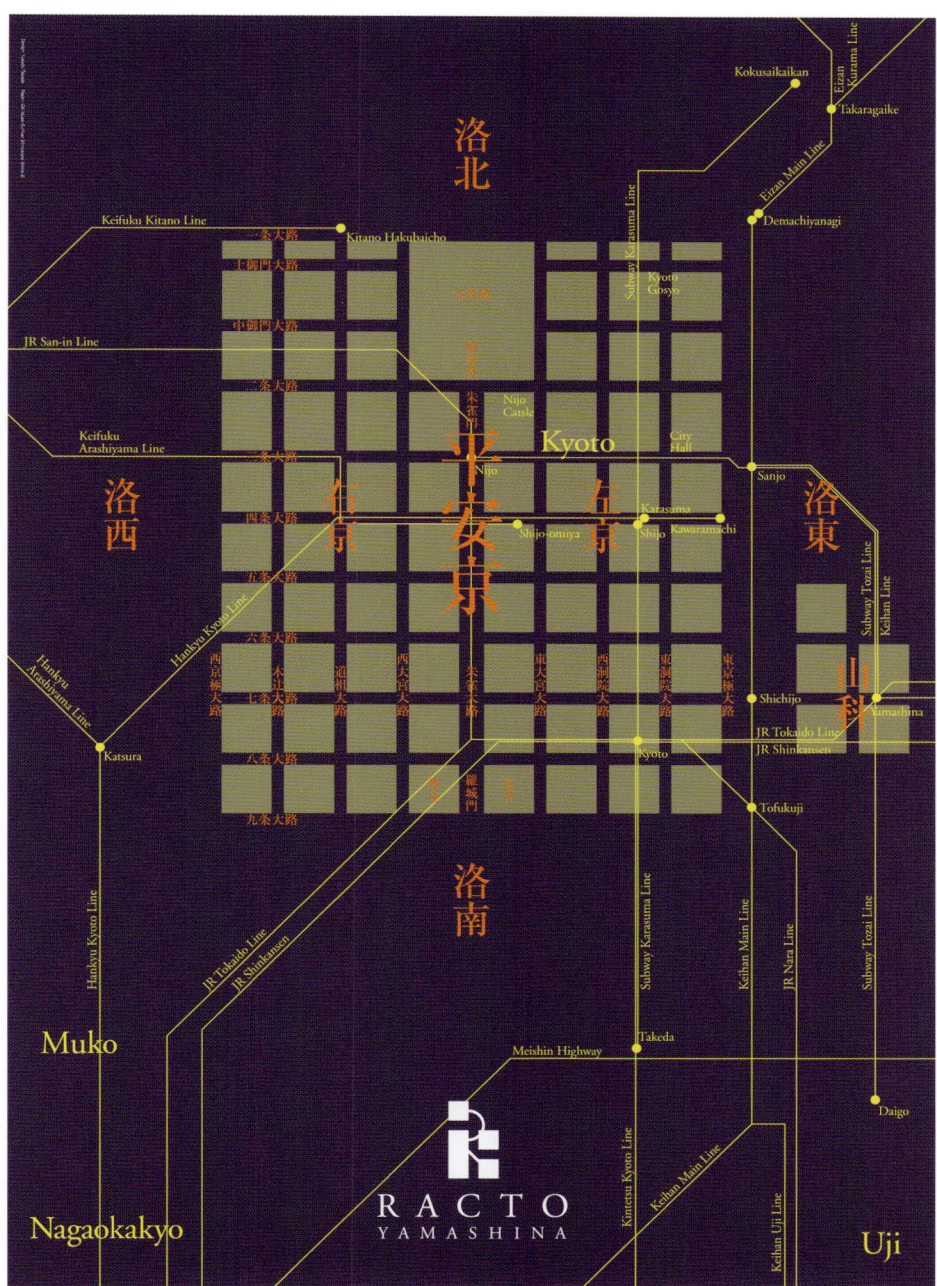

イメージポスター

りんくうゲートタワービル
ビルディング

Building

関西空港の玄関としてのロケーションを
連想させるランドスケイプに、ビルのイメージを封じ込めた。
ビル内の国際会議場のロゴにも併用できる。
cl. りんくうゲートタワービル
ad.d. 高田雄吉
1996

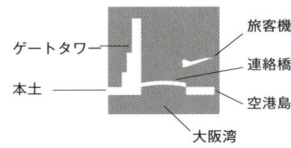

原案

りんくうゲートタワービルは、関西国際空港と
連絡橋で直結する本土にあり、空港とほぼ同時に
建設された。大阪南港のコスモタワーと並んで
西日本一（当時）の高さ256mを誇るタワービル
である。国際会議場、ホテル、商業施設、オフィスで
構成されている。
「りんくう」と言っても、大阪の人ならわかるが、
わからずに困る可能性のある人は、他府県や海外
の人々であると推察し、関西国際空港との
位置関係をロゴのモチーフとした。

計画当初はツインタワーの予定だったが、
地価が高騰し1棟になった。原案では飛行機は、
旅客をお迎えする意味で建物の方に向いていたの
だが、建物に当たりそうだという意見もあり、
外向きに変更した。実際、9.11のテロ事件があり、
原案だと不気味な感じがしたかもしれない。

＊現在、西日本一高いビルは日本一でもある高さ300mの
「あべのハルカス」。

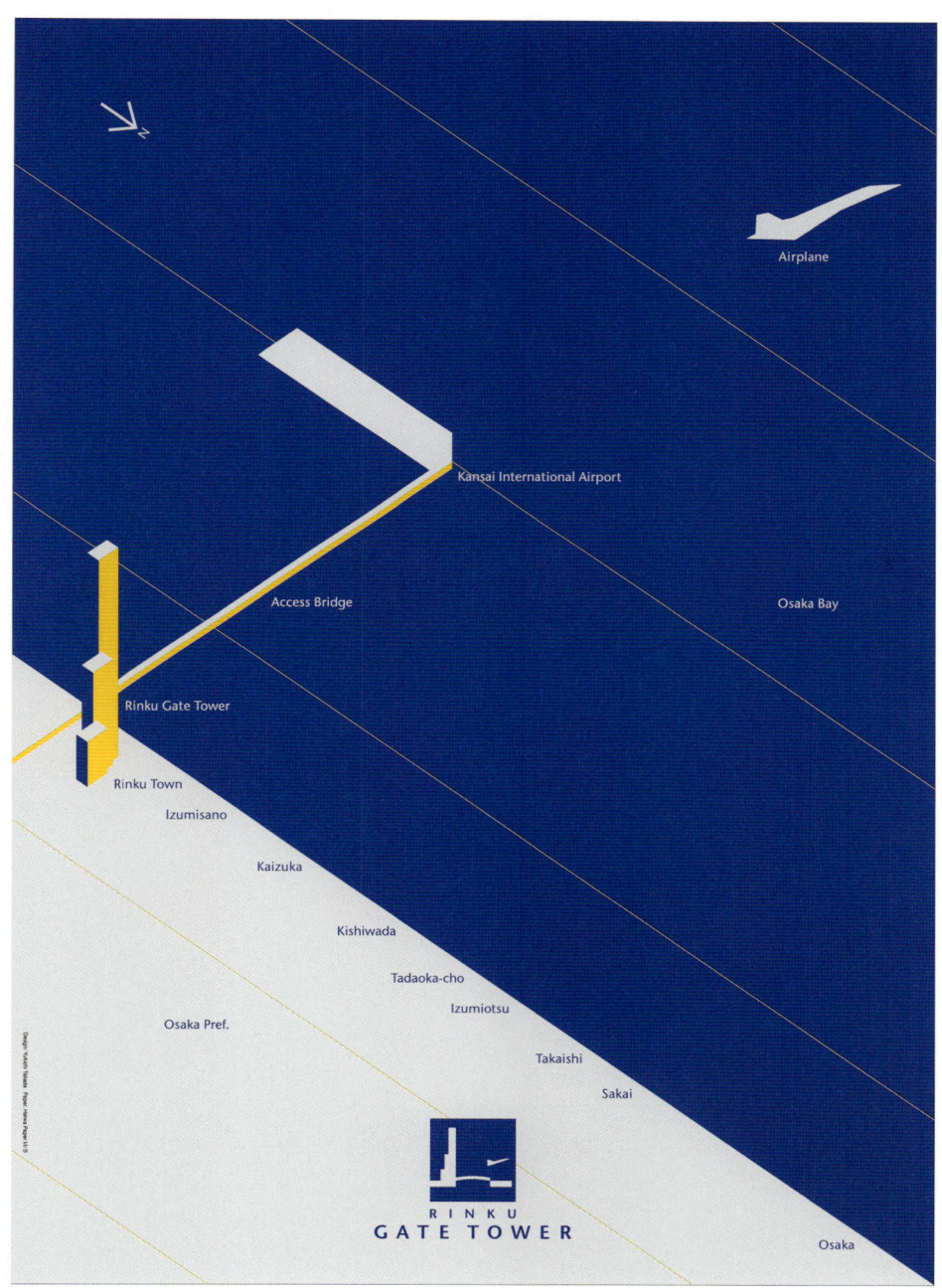

イメージポスター

せんちゅうパル
ショッピングセンター

Shopping Center

千里の道をはるばると、
おとぎの国的建築の靴をはいた扉を
くぐればみんな友達（パル）になれる。
cl. 大阪府千里センター
ad.d. 高田雄吉
1991

おとぎの国

大阪の地下鉄御堂筋線の最北端、千里中央駅（運営
は北大阪急行）に直結するショッピングセンターは、
1970年の大阪万博当時に立ち上げられた施設の、
全面リニューアルである。「パル」は友達。建築
様式はディズニーランドのような祝祭空間である。
おとぎの国のようなゲートがあり、ロゴには
靴を履かせ、キャラクター性を持たせた。
モチーフに困らず自信もあったので、1案だけで
提案したと記憶している。

イメージポスター

ポケッチュ
情報サービスサイト

情報の即時性を、オンオフのデジタル信号のイメージで捉え、
集積したときの楽しさ美しさを追求した。
cl. 中部電力
ag. 中電興業
cd. セネカ
ad. 杉崎真之助
d. 高田雄吉
2004

Information Service Site

オンオフ　　　　　情報の集積

車内吊りポスター

中部電力本社の最初の仕事は、ロゴのコンペで
あった。情報関連のロゴとあって、提案した翌日
にスピード感ある決定の連絡をいただいた。
携帯電話のモニタで見やすく、強さと、テーマに
沿った展開のバリエーションが評価された。
B3ワイドで6連の車内吊りの広告展開デザインで、
ドイツの International Communication
Design(red dot award)、New York のTDC、
愛知広告賞部門賞などで賞をいただいた。
カタカナだけの表現で英語表現はないのだが、
表現の意図はインターナショナルに
受け入れられたのだろう。

Spring X
スタートアップ支援施設

Culture Space

グランフロント大阪内の、スタートアップとイノベーティブ人材を
支援するスペースである。未知への挑戦という意味のネーミングから
助走と跳躍のフォルムを、ステンシルのタイポグラフィに求めてみた。
cl. ナレッジキャピタル
cd. 野村卓也、田崎友紀子
ad.d. 高田雄吉
2019

助走　　　跳躍

シンボルマークのデザインでは、その意図する
ところの形態を複数表現することが割合容易である。
ロゴタイプの場合では、例えば"O"の文字を
地球の形にするなど、文字の一部に意図する形を
組み込むか、文字の形態そのものに意図する
フォルムを探っていくことになる。具象的な形態を
持ち込みにくく、加えて文字として読める機能を
持たせなければならない。
ロゴタイプのデザインがアマチュアでは難しいことが
うなずけよう。

SpringXのロゴタイプでは、ステンシルの文字で
未知の領域のイメージを持たせながら、
Springを平体にした助走から、Xへのジャンプを
想起させるデザインとした。

テリハ広島
市街地再開発

Urban Redevelopment

建築と自然の調和をテーマに、
アルファベットの子音を建築、母音を自然の表現としてデザイン。
eとaは植物から由来する形態である。
cl. 西荒神地区市街地再開発協同組合
cd. 東畑建築事務所
ad.d.髙田雄吉
1999

h
建築

e
自然・紅葉

teriha
HIROSHIMA

広島市の広島駅に近い地域の商業施設と、マンション、留学生会館の複合施設。ラクト山科で設計を担当された設計会社からの依頼で、ネーミングから提案した。テリハは俳句の季語「照る葉」。広島県の樹木である紅葉のモミジに由来している。
半公共的な場であるので、柔らかすぎず硬すぎないよう注意を払った。また、ハードとソフト、市民と留学生の交流をイメージさせ、強弱をつけたロゴとした。

私事になるが、ロゴが最終決定するという当日、筆者に次女が誕生し、大阪で産声を聞いた直後、広島に向かった。妻がこのネーミングを気に入って、次女「てりは」は2013年時点で中学2年生、誕生日は11月25日、ロゴと同じ紅葉の季節である。

ベルマージュ堺
市街地再開発

Urban Redevelopment

街のランドスケープをモチーフに、
そのネーミングである美しい余裕の時間と空間を
シンプルな造形に抽出した。
cl. 住宅都市整備公団
ag. 大阪読売広告社
cd. 嶋津良康
ad.d. 高田雄吉
1997

丘陵地　　余白

ツインタワー

BELLE MARGE
SAKAI

ネーミングはコンペで、ロゴの依頼をいただいた時点ですでに決定していた。ベルマージュはフランス語で「美しい余裕(余白)」。
堺市の市街は、南海沿線の海側の地区とJR沿線の山側とあり、ベルマージュ堺は山側(丘陵側)に立地する堺市駅前である。マンション、商業施設、図書館などの複合施設となっている。
ロゴは、ツインタワー、丘陵地、ネーミング特性をすべて要素に含みながら、最小限のエレメントでデザインした。建物の屋根と丘が見える形のポジで表現し、建物本体の部分は周囲にとけ込むネガとなり、ホワイトスペースを活かしたロゴとなったが、そもそもネーミングに空白というネガの要素があったのだ。

高石を守る会
市民運動

高石を大きな手で守り、
かつ大きな振幅の振り子のメタファーとして
継続性を表明している。
cl. 高石を守る会
ad. d. 高田雄吉
2002

Civic Movement

イニシャル T　　腕

継続性

FMハムスター
コミュニティFM局

広島市安佐南区を拠点に、地域の文化振興と
コミュニケーションの向上を目指すFM局。
Hiroshima Asa MinamiのイニシャルであるHAMを
アンテナに見立て、親しみあるハムスターのキャラクターに込めた。
cl. エフエム ハムスター
ad. 高田雄吉
d. 湊誠二
2009

Community FM Station

イニシャル HAM　　アンテナ

スター

企業・団体   **Corporate**

山陽電鉄
電鉄

Railway

手を合わせるような垂直線はお客さま第一の視点を持つ「感謝」を、
水平線は100年間地域とともに歩んできた「信頼」を、
動き出すような斜線は未来を見つめて
積極果敢に行動していく「挑戦」をそれぞれ表現している。
束になった線は、グループの5つの事業が強い結束力を持って
きめ細かなサービスを推進していく姿勢の表明でもある。
cl. 山陽電気鉄道
ag. 神戸新聞事業社　cd. Visio、西哲
ad. d. 高田雄吉　d. 湊誠二
2009

3つのコンセプト

5つの事業

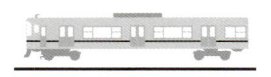

線路

sanyo

山陽電鉄は神戸から明石、姫路を走る私鉄である。2007年、創業100周年を迎え、CIの刷新を行った。鉄道を基幹とする運輸事業だけでなく、幅広いサービス業に業態を移行していくべく、鉄道らしさにこだわらない新鮮なシンボルが求められた。とは言ってもまったく何者かわからないビジュアルでは説得力がない。過去現在未来を信頼と感謝、挑戦に置き換え、線路のイメージのストライプをモチーフとし、100年の歴史を造形の中に秘めたシンボルマークとした。車両ボディのロゴを変更するのに、コストを鑑み、塗り替え時に行うとすべての車両が変更完了するまで8年もかかるという。それではいくら何でものんびりしすぎるので、ステッカーでの対応となった。インフラを生業とする企業の堅実な手法と言えよう。ラインの幅は、あらゆるアプリケーションデザインを考慮すると細すぎるきらいはあるが、きめ細やかなサービスの表現として繊細の限界を選択した。
山陽電車は阪神電車と相互乗り入れしているので、阪神梅田駅で目にすることができる。

車輌サイン

中部電気保安協会
電気保安サービス

Electorical Safety Service

イニシャル「C」と主な活動エリアである中部地域の「C」に、夢・希望、
成長・発展を象徴する"光り輝く太陽"を重ねてデザインした。
太陽の光は、協会と中部地域に降り注ぎ、
この光を受けて"地域と共に"限りない成長・発展を目指す
"協会の強い願い"を表している。
ag. 中電興業　cd. セネカ
ad.d. 髙田雄吉　d. 野澤美菜、湊誠二
2011

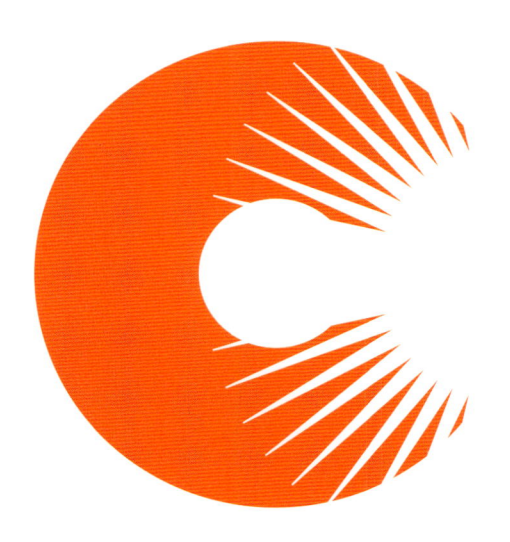

C
イニシャル C

太陽

中部電気保安協会

準公共的なインフラ企業として、社内の参加意識を高めるため、シンボルマークは社員家族も含めた公募形式がとられた。私は審査委員として参加するとともに、プロとしてのデザインに修正を加えて仕上げるという立場で業務にあたった。この「C」の文字には、これらの願いを実現しようとする協会職員一人ひとりの
「Change（変える）」
「Challenge（挑戦する）」
「Communication（伝える・意思疎通をはかる）」
「Collaboration（共同する・協力する）」
の熱い思い（情熱）が込められている。

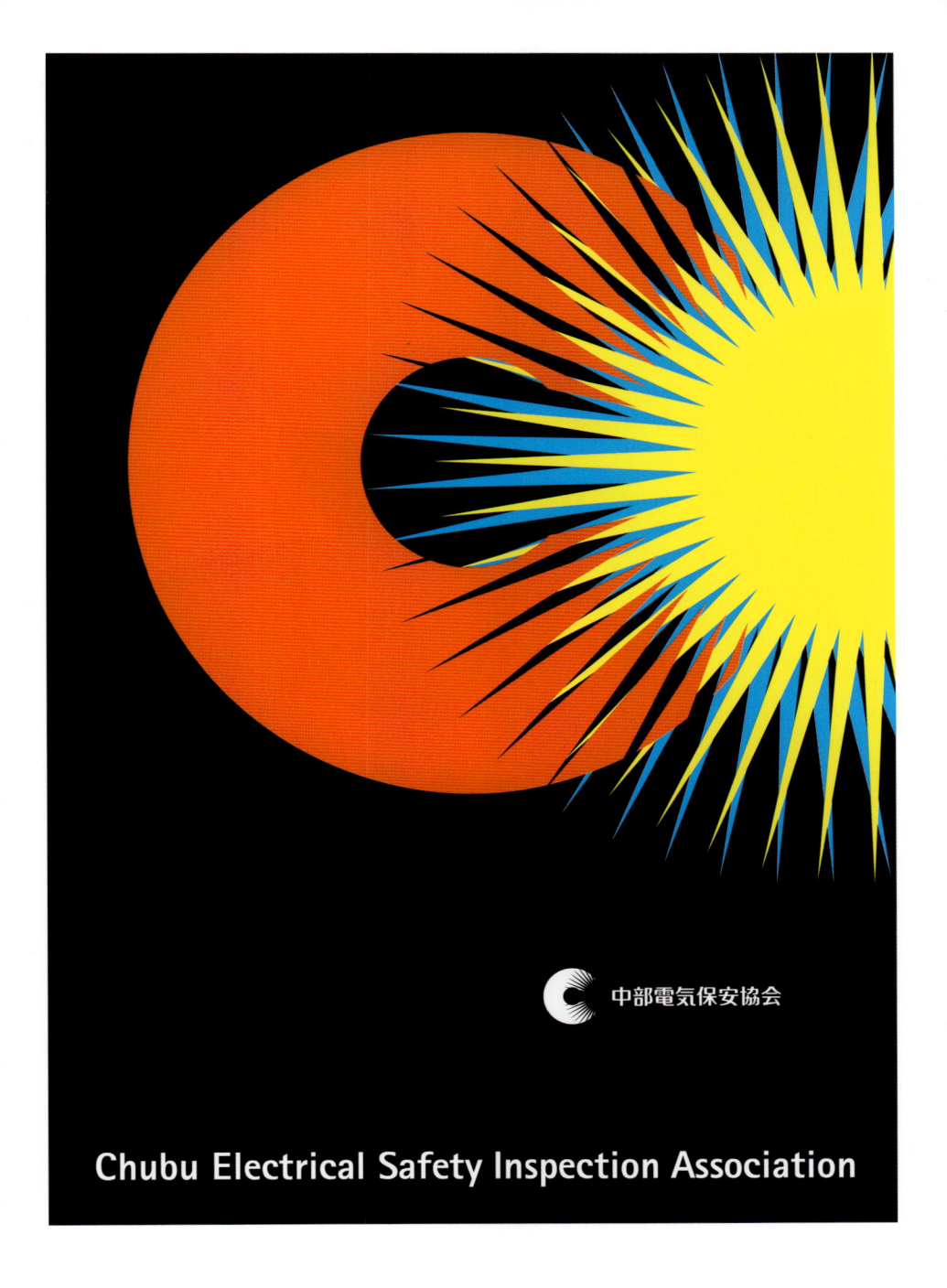

中部電気保安協会

Chubu Electrical Safety Inspection Association

イメージポスター

Kスカイ
航空サービス

翼を持ったイニシャルKは、飛翔がテーマ。
しなやかさとやさしさを持った軽快なフォルムは
3次元上でのシンメトリーであり、
揺るぎない信頼感を出している。
cl. Kスカイ
cd. スーパーステーション
ad. 高田雄吉　d. 湊誠二
2011

Airline Service

K　　　　　　　
イニシャル K　　飛翔

K Sky

関西国際空港における旅客サービスと
航務サービスを行う会社である。日本航空系の
JAL SKYから鴻池運輸が主体となることで、
名称を変更した。
決定方法は、異なる企業文化を持つ社員の集合体
となるため、11案提案した中から、社内アンケート
を参考に上位3案に絞り、社長および担当者、
クリエイティブ・ディレクターとアートディレクター
を交えた会議で協議し、最終的に経営トップが
決定した。

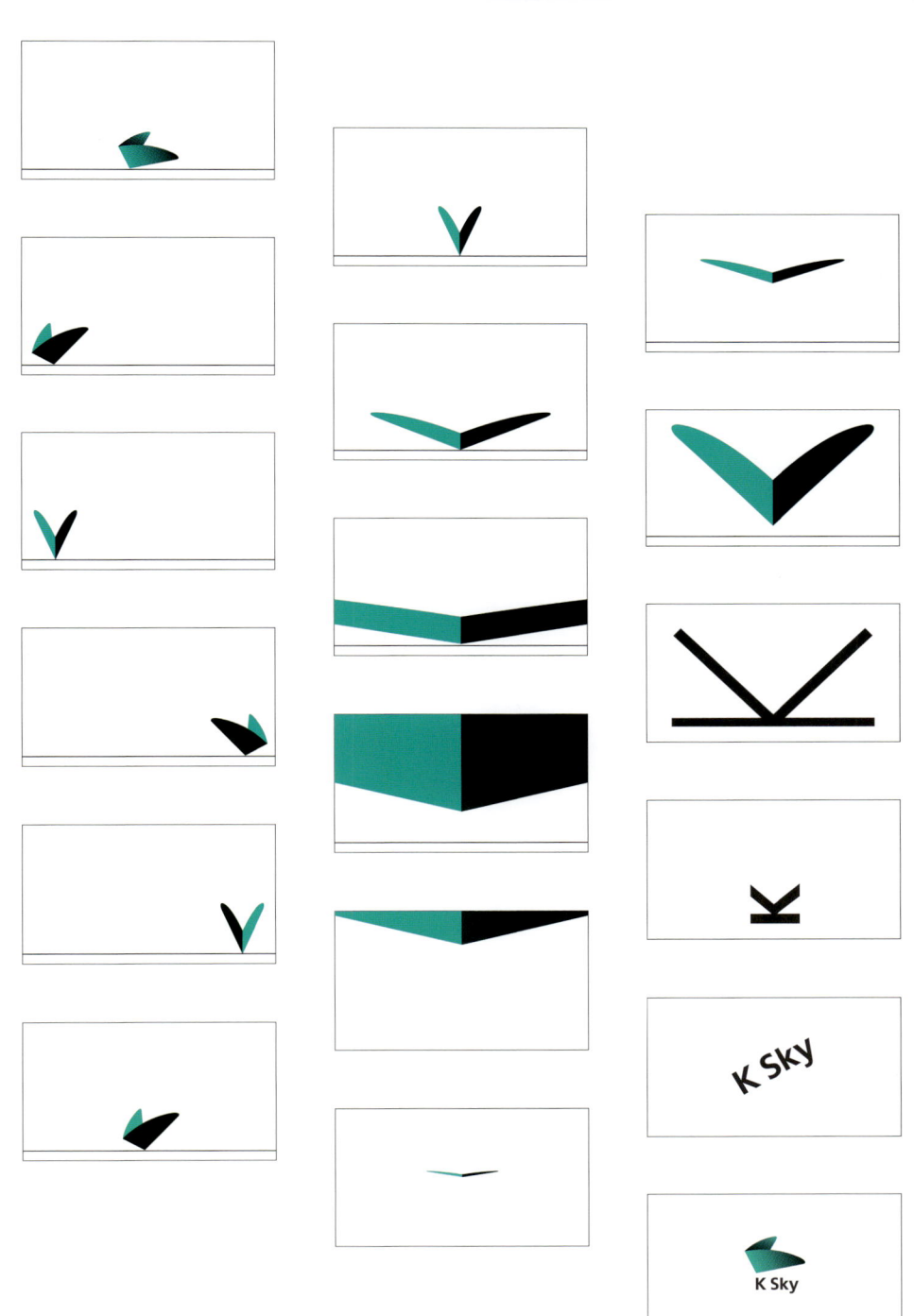

イメージムービー

45

中電シーティーアイ
総合ITサービス

中部電力のCのイニシャルをモチーフとし、
立ちあがる形は気概と発展性、
ひとつ上の次元のサービスを提供する
姿勢を表現している。
cl. 中電シーティーアイ
ag. 中電興業　cd. セネカ
ad.d. 高田雄吉
2003

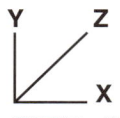

IT Service

C
イニシャル C

Y Z X
高次元的サービス

chuden
CTI

通常は進んで提案やお薦めをしていない
グラデーションを使ったロゴの登場である。
ITサービスを事業とする業態において、先進で、
平板でない立体的なイメージ、シームレスな
サービスをアピールする目的と、展開する
アプリケーションデザインもフルカラー表現、
かつモニターでの発信の増加などの展開も
見据えた、IT企業らしさを出すこととなった。

中電ビジネスサポート
人材派遣会社

Temporary Staffing

グループ会社の一員として、関係各社を
中心に人的資源を協力してゆく関係性を表している。
cl. 中電ビジネスサポート
ag. 中電興業　　cd. セネカ
ad.d. 高田雄吉
2005

CBS

イニシャルCBS

グループと人的資源

人を扱う会社は、暖色系のカラーが素直な選択
だろう。加えて、親会社である中部電力のロゴの
カラーもオレンジとピンクである。
Cを企業、Cの内側にあたる半円のエレメントを
人材に見立て、業務内容を暗示させた。

さかもと
加工水産物メーカー

「物事の本質を捉え、真に良いものを提供すること」を基本理念とする
企業姿勢を、魚の象形文字に求めた。
cl. さかもと
cd. 若生謙二
ad.d. 高田雄吉
2017

Processed Marine Products

魚の象形文字　波

食物を扱うメーカーとして、なによりも品質を
優先する姿勢が「Quality First」のスローガンに
込めてられている。
水産物は古来から日本人の基本的な栄養源である。
魚の象形文字と波の形を、日本の伝統である家紋の
フレームで円形に凝縮。要素は幾何学的に集約し
現代性も加味しながらレトロ趣味でなくタイムレスで
強度のある造形とした。
屋号の「さかもと」は先代の社長の書を、わずかな
調整にとどめて残している。

QUALITY FIRST	さかもと	質にこだわり品lなを極める

伊勢産
あおさ薫る
あご昆布
伊勢産あおさのりの薫りとあご節・昆布の旨み

Sakamoto

Dried Konbu Seaweed with Fly Fish
and Green Laver

駿河湾産
桜えび薫る
あご昆布
駿河湾産桜えびの香ばしさとあご節・昆布の旨み

Sakamoto

Dried Konbu Seaweed with Fly Fish
and Sakura Pink Shrimp

兵庫県淡路生穂港
天日干しちりめん
淡路島で獲れた最高峰のちりめんだけを厳選。
ほど良い食感と濃厚な味わい。

Sakamoto

Dried Baby Anchovy

兵庫県淡路生穂港
野沢菜ちりめん
徳島県産野沢菜のシャキシャキとした歯ごたえ

Sakamoto

Dried Baby Anchovy
with Nozawana(Turnip Green) for Rice

パッケージラベル

プレッド
LED照明器具メーカー

LED Fixture

メイドインチャイナのLED製品を、品質の安定と適正な価格で
提供するベンチャー企業。LEDを強調しながら
ベースラインをつなげる、コンサバティヴなブランドロゴとした。
cl. プレッドジャパン
cd. 吉羽敏郎
ad.d. 高田雄吉
2012

安定

PLLED
Price Leader of LED

起業家である呉氏は、以前勤めていた会社の社長
吉羽氏の紹介である。
将来は、パナソニックやソニーのようなブランドに
したいという理想をお聞きした上で、製品に刻印
することも想定し、また、生活空間の中にあって
主張しすぎないロゴタイプとした。

エンジニア
工具メーカー

Tools

"クール"、"イノベーティブ"、"遊び心"を併せ持った道具を創造し、
世界一愛される工具メーカーのブランドイメージは、
革新性、誠実性、創造性のビジュアライズとなった。
cl. エンジニア
ad.d. 高田雄吉
2016

誠実、革新の追求　　創造性（インボリュート曲線）

外しにくいネジを外せるネジザウルスを代表とする
エンジニアの工具は、使うことが楽しくなる工具だ。
革新性と独創性を追求するメーカーとして、
一本筋の通ったフォルムで、その姿勢と誠実性を
表現した。
また、遊びの精神の表出として、インボリュート曲線
　（糸巻きの糸をほどいた糸の先端が描く曲線）
の入った六角形のシンボルも併用している。

ナストー

タオル製品メーカー

Towel Manufacturing

生活を優しく包み奏でるハンモックを
意味する円弧のモチーフで、
微笑みかけるような視覚効果を出している。
cl. ナストーコーポレーション
ag. 廣済堂　cd. 西哲
ad.d. 高田雄吉
1996

笑顔

タオルの製造卸の那須藤は、ナストーコーポレーションに社名変更する機会に、ロゴも新たに開発した。単にモノを売るだけでなく、生活者の視点に立ち、お客様とのふれあいを大切にするという経営理念から、笑顔のモチーフをロゴタイプに組み込んだ。
カラーは、Aの一部をイエローグリーンにしたツートーンカラーが最終形で現在使われている。デザイナーとしては、強さと汎用性に優れている、単色バージョンをメインで使うことをお薦めしたい。これは、デザイナーのわがままではなく、生活者の記憶性、サインにおける使いやすさや景観への配慮など、プロとしての経験と知識に基づいた提言と思っていただきたい。

モリタ
歯科医療機器

Dental Medical Equipment

健康美を目指す企業としての信頼感、
洗練性、ヒューマニティをビジュアライズ。
シンボルは歯も連想させる。
cl. モリタ
ag. システムプランニング
ad.d. 高田雄吉
1995

健康 技術 情報
Health Technology Information

3つのコンセプト

上昇志向　歯

MORITA

歯医者さんにかかったときに座るイスなど、歯科医療全般に関わる機器のメーカーである。歯科医をはじめクリニックのスタッフにとっては、馴染みのブランドとなるわけだが、私たち一般の患者にとっても、通常、特に注意して見るわけではないが、メーカーのロゴが表示されていることは信頼感につながる。また、特記することは、シンボルのカラーを、他ブランドにあまり例のないパープル（藤色）に設定したことだ。薄い色なのでカラー印刷の場合は、常に100％同じ品質が保たれるとは限らないが、清潔感、精密さ、信頼感があり、歯の白となじむカラーであると考えた。ちなみに歯科診療所の機器は、ほぼすべてが白である。

JM Ortho

矯正歯科器材

Orthodontic Equipment

矯正歯科に特化した商社である。
JMOを円で描いた中心は正三角形と形づくり、
厳密で正確な製品性と矯正の意味を込めている。
cl. JM Ortho
ad.d. 高田雄吉
2018

ロゴのベースとなる円と三角形

JM ORTHO

シンボルに隠された三角形は、また、
顧客とメーカー、歯科医をつなぐ役割と、精度の高い
情報を提供することのイメージでもある。
カラーとロゴタイプは、親会社であるモリタのロゴと
同様に、清潔感のある藤色と、落ち着いた信頼性を
感じさせるタイポグラフィとした。

信富建設
建設会社

Construction Company

社名の「信」と「富」の字は、設立者の両親からの由来。
漢字の持つ意味性を融合・構築させたシンボルとした。
cl. 信富建設
ad.d. 高田雄吉
2000

信
漢字「信」

富
漢字「富」

建築物

SHINTOMI

漢字は周知のように象形文字である。
ラテンアルファベットに代表される表音文字と
違って、偏や旁、冠などエレメントを積み上げて
いく構造はまさに建築物と共通する。
複数の漢字を建築物と捉え、3Dソフトによる
オートマチックな立体化ではなく、形と形との
変化を融合させながら省略してゆく、手づくりの
立体化を試みた。

ヤンマー100周年
100周年

大きな節目の周年のタイミングでロゴを刷新することは多いが、
周年ロゴを開発し、キャンペーンを行うこともある。
数字がはっきり見えないと機能しないので、
プロのデザイナーでなければできない仕事である。
cl. ヤンマー
ag. 明通　cd. ホワイトスペース
ad.d. 高田雄吉　d. 湊誠二
2010

Anniversary

100
100周年

歴史と継続

サンオーシャン
海運会社

無機質ながら動きのあるモチーフと
カラーで、インターナショナルイメージと
海運業らしさと親しみを出した。
cl. サンオーシャン
ad.d. 高田雄吉
1991

Shipping Company

太陽

海洋

不動産　　　　　　　　　　　　　　　　　Real Estate

阪急 宝塚山手台
住宅地

高台のロケーション、明るく緑あふれる絵になる町を、
パノラマ型のフレームに切り取った。
スミレは宝塚市のシンボルフラワー。
cl. 阪急不動産
ag. DGコミュニケーションズ
cd. 瀧岡清幸
ad. d. 高田雄吉
2006

空

丘、緑

光

スミレ

このロゴの条件はかつてなかった珍しいケースだ。住宅地を販売するサイトでそのキーワードを、空の街、緑の街、光の街、彩の街、詩の街、水の街など設定し、その中で希望するキーワードをネット上で募集、人気のあるキーワードでロゴを創るというキャンペーンであった。設定が難しいこともあり、筆者にお鉢が回ってきた。要素が複数あることは望むところだが、4つもの要素を盛り込んでシンプリシティを獲得するロゴに仕上げるのは至難の業であった。

苦しんだあげくパノラマのフレームを採用することで、多数の要素を融合し、完成できた。
実は郊外に引っ越すことを考えていた時期で、環境が気に入ったので宅地を購入した。永くデザイナーを続けていて幸福なことである。不幸なことは、たくさん不動産のロゴを手がけたにもかかわらず、いくつも買えないことだ。

Yamatedai
TAKARAZUKA

イメージポスター

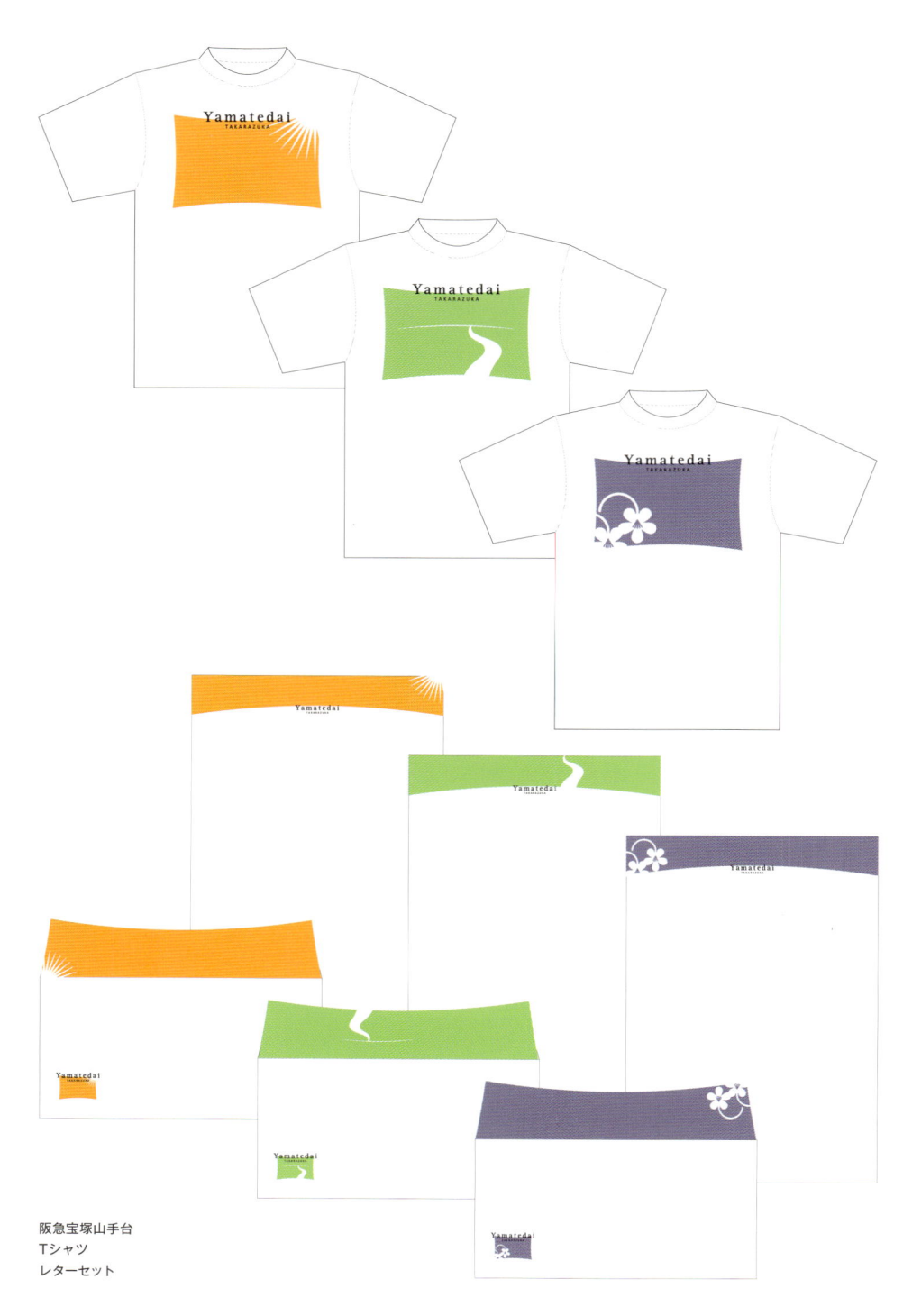

阪急宝塚山手台
Tシャツ
レターセット

神戸海岸通 ハーバーフラッツ
マンション　　　　　　　　　　　　Condominium

ハーバーウォークを懐に抱く、自然の恵みを受けた
国際文化新都心。
cl. 川崎製鉄、阪急電鉄、近鉄不動産
ag. DG コミュニケーションズ
cd. 瀧岡清幸、嶋津良康
ad. d. 高田雄吉
1998

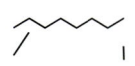

海（大阪湾）　　六甲山

ハーバーライト

WHO神戸センターや兵庫県立美術館もある
文化都市「HAT神戸」のエリアにあるマンション
群である。
歴史があって新しい。日本と西洋文化が交流した
神戸の開放性と柔軟性、進取の精神。
山があって海がある、おしゃれな神戸らしいロゴを
提案してほしいという、プランナーのリクエスト
であった。アールデコと隷書体を取り入れて
現代に蘇らせてみた。

近鉄不動産のマンション――ローレル
マンションブランド

Condominium Brand

柔らかなフレームの中にLのイニシャルで月桂樹の葉をデザイン。
伝統を継承するブランドであることを表明している。
cl. 近鉄不動産
ag. アド近鉄　cd. ソル・マーケティング＆マネジメント
ad. 高田雄吉　d. 湊誠二
2008

L

イニシャルL

一筆書き　　月桂樹

Laurel

近鉄と言えば近畿では信頼あるブランドである。なぜか、ローレルマンションは統一ロゴがなかった。企業のブランド力が圧倒的でブランドロゴについてはのんびりされていたようだ。しかしながら沿線以外でもブランド力を強化していくため、ビジュアル面も補強していきたいという意向でロゴの開発となった。
フレームのないシグネチュアを基本とすることを主張したが、不動産の広告展開では、背景に青空などストロングなカラーを使うことが多く、ロゴが目立たないことを考慮され、開発当初は右ページ左下のゴールドのフレームのあるバージョンが基本となった。ところが2013年、ウェブサイトでの可読性などから、横組シグネチュアを追加し、フレームなしのバージョンを基本とするよう改訂することになった。
写真はスーパーロゴ展で試作したキーホルダー。自宅ブランドのキーホルダーを持つことは、愛着と誇りにつながるのではという想いからだ。これも何年か後に実現すればいいかとのんびり構えている。

キーホルダー
スクエアシグネチュア

横組シグネチュア

ダイワハウスマンション D'シリーズ　Condominium Brand
マンションブランド

住まいから地球規模の環境までを見据えた、
終わりなき品質の追求。常に一歩先の未来を見つめる、
先進で柔軟な感性をスパイラルの形に込めた。
cl. 大和ハウス工業
ag. 伸和エージェンシー
cd. アイ・エフ・プランニング
ad. d. 高田雄吉
2001

D
イニシャルD

重層

先進のスパイラル

Daiwa House Mansions D'Series

マンションをつくっている会社と戸建ての家を
つくっている親会社が合併した結果、マンションの
ブランドが必要となった。
D社、T社とハウスエージェンシーである
伸和エージェンシーとの3社コンペで、CIDは
伸和エージェンシーのデザイナーとして参画した。
提案した3案が最終候補にすべて残っており、
最も先進的な案が選ばれた。英断であろう。
そのロゴも今はもう新規の物件では新たな
ブランドに変わり、使われていない。

マンションを取り巻くテクノロジーも進化し、
イメージを刷新する必要があったのだろう。
D'シリーズマンションのファサードの銘板は
そのままなので、マンションの耐用年数分は輝き
続けてほしいと願う。

イメージポスター

中電不動産
不動産会社

「心」の漢字の字源である象形文字をモチーフに、顧客との心のふれあいを大切にしてゆく思いを構築する形態でデザインした。
cl. 中電不動産
ag. 中電興業　cd. セネカ
ad. d. 高田雄吉　d. 湊誠二
2006

Real Estate

街並み

街区

心の字源

顧客のさまざまなニーズに「まごころをこめて」応えてゆく経営方針を受けて、「心」という漢字の字源にモチーフを求め、建築物と環境を融合させるシンボルとした。不動産のシンボルとしては意外なようだが、ビジネスとは、モノを動かすだけではないことを改めて思い起こさせてくれる。

神戸花山手
住宅地

住宅ロケーションを連想させる複数のシンボルで、
不動産のロゴではこれまでにない新境地を開拓した。
cl. 阪神電気鉄道
ag. DGコミュニケーションズ
cd. 斎藤文雄、尾上慎也
ad. d. 高田雄吉
1993

Real Estate

サザンカ　オオルリ　スズラン

神戸花山手
HANAYAMATE KOBE

「ロゴはモノクロが基本」と主張してきたが、不動産の場合のアプリケーションデザインは、新聞折込広告、交通広告、総合パンフレット、Webサイトがほとんどで、標準でカラー表現のものばかり。フルカラーを前提にしたデザインも視野に入れて考える。
ピクトグラムを3つ並べるというデザインはこれまでなかったので、新鮮に映った。
それもそのはずで、シンボルを3つ創るには、ほぼ3倍のエネルギーが必要だ。

スズランは神戸市の花、サザンカは神戸市北区の花、オオルリは北区の鳥である。CID研究所は広告を制作していないので、ロゴ以外はマニュアルの制作までであった。
数年後、神戸の他の物件で同じ手法のロゴが現れた。他社も評価してくれたのだと思うべきなのだろう。

One's club
マンション友の会

Condominium Tomono-kai

主に情報誌のタイトルになるロゴタイプである。
無理なく読めて、かつウィットのある記憶に残るデザインとした。
cl. 大和ハウス工業
ag. 伸和エージェンシー
cd. 大仁公一、勝田康高
ad. d. 高田雄吉
2002

1
数字の1

One's club
FOR YOUR OWN LIFESTYLE

マンション友の会とは、主にマンション購入を計画中の顧客に会員になってもらい、最新のマンションギャラリーへの優先的案内や、マンションに関する役立つ情報を発信するシステムだ。情報誌とメールマガジンが基本的なツールとなる。
ネーミングは、一人ひとりの個性を大切に住まいづくりのお手伝いをしていく姿勢を表している。情報誌がメインのツールとなるので、当然、シンボルマークではなくロゴタイプをデザインしなければならない。普通の人にとっては、人生で最も大きな買い物であるので、造形に遊びが多いと信頼感が損なわれる。高級感より計画性、真面目さを出すことを心がけ、アヴァンギャルド・ゴシックをベースにデザインした。

ディーズブリッジ
マンション資産価値サポートシステム

Condominium Asset Value Support System

ディーブランドの資産価値を明日につなぐイメージを、
連続してゆくDの形に込めた。
cl. 大和ハウス工業
ag. 伸和エージェンシー
cd. 大仁公一、勝田康高
ad. d. 高田雄吉　d. 湊誠二
2004

D
イニシャル D

連続性

D's Bridge

マイスタイル・デザイン
マンション　フリーデザインプラン

Free Design Plan for Condominium

My Style DesignのイニシャルMSDを
自由なパズルのような造形でデザイン。
cl. 大和ハウス工業
ag. 伸和エージェンシー
cd. 大仁公一、勝田康高
ad. d. 高田雄吉
2002

MSD
イニシャルMSD

間取り

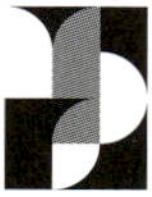

パズル

My Style Design

阪神電車の仲介 HIT

不動産仲介

不動産とその環境を考える姿勢を、家と植物のシンボルに託し、
ロゴタイプとともに間隔を開けて置くことによって融合を図った。
cl. 阪神電気鉄道
ag. DG コミュニケーションズ
cd. 尾上慎也、斎藤文雄
ad. d. 高田雄吉
1996

Real Estate

家　　　植物、環境

ネーミングが3文字なので、それを延長してロゴが
できないかと、考案した。
3文字のうちHとIが直線で終わっていることが、
造形のヒントとなった。家の形が1階建てにも
2階建てにも見えることが、魅力になっている。
このネーミングだからできたデザイン。
ネーミングに恵まれたと言える。ロゴはエレメント
が単純なだけに、違った見え方ができるように
仕掛けることも、一方で重要な課題である。
何年も使うものだから、見慣れたときに、

違う見え方に気づいてもらえると、ロゴにも
生命が宿るのだろう。

イメージポスター

阪急ヒルズコート高槻
マンション

Condominium

丘陵地の地域性と高級感を視覚化し、
従来の不動産のロゴの固定されたイメージを打ち破った。
cl. 阪急電鉄
ag. DGコミュニケーションズ
cd. 興村俊郎
ad. d. 高田雄吉
1994

丘陵

華のある高級感

広告代理店の創芸（現DGコミュニケーションズ）からの初めての依頼でロゴのコンペに参加させていただいた。不動産のコンペは全体計画とデザインを一緒にコンペすることが多いが、このときはロゴ単体のコンペであった。
高級感と信頼感を保ちながら、阪急らしい華やかさをビジュアライズしてみた。植物のモチーフは特定の花を指すのではなく、唐花（からはな）のような、花全体のイメージである。
圧倒的な差で勝ったとのこと。以降、創芸での不動産の大型物件のロゴは継続して担当することになる。ロゴの重要性を注目していただいたディレクターには感謝している。

＊左下は1998に手がけたヒルズコート高槻・アネックスのロゴ、若々しさと阪急らしい高級シックを両立させた。

泉北みずき台
住宅地

Real Estate

ハナミズキの花に象徴される、緑あふれる街であることと、
コミュニティと環境を考えた余裕のある街づくりをイメージさせた。
cl. 双日
ag. DGコミュニケーションズ
cd. 嶋津良康
ad.d. 高田雄吉
1998

ハナミズキ　　街区

泉北みずき台
MIZUKIDAI

大阪南部のベッドタウンである泉北ニュータウンの最後の区画であった。昨今の街区は碁盤の目のように画一的ではなく、なるべくまばらに計画されている。隣近所とのプライバシーを大切にすることと、自然な景観を残しておく配慮がなされているのだ。
名称がイコールモチーフとなっているので、ハナミズキの花を見え隠れさせ、ゆとりと自由性を表現してみた。ロゴタイプも毛筆のタッチを残したフォントで組んで、できるだけ手づくり感のあるロゴとした。
分譲住宅地では、ハウスメーカーが多数参入してブランドを競い合うので、それらメーカーのロゴにはない落ち着きを出せたのではないか。

ソフィア
マンションブランド

宇宙の創造を助けたといわれる智慧の女神ソフィア。
その創造の形を渦巻きのフォルムに求め、
Sのイニシャルとダイナミックに融合させた。
cl. 双日
ag. DG コミュニケーションズ
cd. 小林智雄
ad. d. 高田雄吉
2002

Condominium Brand

イニシャルS　渦巻き

SOPHIA

イクス 夕陽丘
マンション

人の手業をかけて実現できる最上級のクオリティを表現。
エネルギーを有効に使った住居のあり方を示している。
cl. 関電不動産
ag. DGコミュニケーションズ
cd. 下川床隆、南谷俊郎
ad. d. 高田雄吉
2003

Condominium

手業のクオリティ

ex
YUHIGAOKA

ザ・レジデンス 芦屋スイート
マンション

Condominium

Rと波をモチーフとし、高齢であっても活力を失わない
リズム感を出してみた。すべて同じ太さのラインで構成し、
高品質感を保つようデザインした。
cl. シティインデックス
ag. DG コミュニケーションズ
cd. 嶋津良康
ad. d. 高田雄吉
2012

R　　〜
イニシャルR　波

THE RESIDENCE
Ashiya Suite

ホテル&ファシリティ　　　　　　　Hotel & Facility

ブライトンホテル
ホテルブランド

エレガントなBのイニシャルの中には、
ゆったりと人を優しく包むくつろぎの空間のフォルムであり、
始筆の数字1はナンバーワンを目指し、
終筆の右上がりのラインは向上性を内包している。
cl. ブライトンホテル
cd. 吉羽敏郎
ad.d. 高田雄吉
1988

Hotel

B
イニシャルB

ナンバーワン

向上性

七転八起のだるま

計画時のクライアントは長谷エグループ。同社がつくると同じ料金でもっとゆったりしたリーズナブルなホテルになるというコンセプトで進めていたが、提案すると社長はもっと高級感があり、エレガントなシンボルを希望されていた。こういった担当者や代理店の読み違いは、オリエンテーション時に、決定者であるトップと打ち合わせできない日本の大企業のタテ社会では、時に起こりうる。しかし、そこでめげていてはプロとは言えない。独立前に勤めていた頃の仕事で、スタートから数えると、自分以外の若いデザイナーも含めて100案くらい提案した。その最後に通った案である。フィニッシュは25年前なので手書きだ。描きやすいサイズで一度フィニッシュをしてから拡大して修正し、縮小し直してA4サイズの原版を仕上げた。今、自分自身でも、こういったフリーハンドのスタイルで、このデザインを超えるものを創るのは難しい。ブライトンホテルはその後、浦安、会員制ホテルで蓼科、ビジネスホテルで山科と大阪北浜に展開している。

ホテル・ブライトンシティ大阪北浜

B is for the Brighton   Customer the First   Ambition   Comfortable

BRIGHTON
HOTELS

ブライトンホテルズ　コンセプトポスター

蓼科ブライトン倶楽部
ホテル

Resort Hotel

チェーンの中の最高級メンバー制ホテル。知り尽くした人々の、
遊び心に触れる切紙のエンブレムとした。
cl. 蓼科ブライトン倶楽部
cd. 吉羽敏郎
ad.d. 高田雄吉
1989

ブライトンマーク

王冠、ステイタス

星、澄み切った空気

高原

白樺並木

ブライトンホテルの会員制ホテルは、蓼科高原に
あり高級ランクに設定された。ステイタス、本物の
高級とは何か。それを持っている人とはどういう
人か。勤めていた会社で議論しながら考えた。
遊び心や余裕がある人のことではないか。ロゴも
日々のビジネスの数字から離れた、軽やかで
遊び心をくすぐるものを考えようということに
なった。ステイタスや高級感を持ちながらである。
プランナーは口では簡単に言うが創るデザイナー
は楽ではない。

筆者の答えは、西洋の紋章（エンブレム）を精緻に
描くのではなく、切り紙でつくってみた。
と言うと、魔法のようにアイデアが湧き出たよう
だが、実はいくつかアイデアを試したうちの
ひとつである。黒い紙をはさみで切って並べて、
コピーして比較検討してみる。手わざのデザインは、
何十も描いてみなければいいものは出てこない。
カラーは他ではまずない色を指定した。余裕が
なくては難しくて使いたくない色と言える。

ヴィータ
フィットネスクラブ

万博公園内のホテルにあり、
幅広い利用者を対象としているため、
明るく楽しく元気のあるものとした。
cl. ホテル阪急エキスポパーク
ad. d. 高田雄吉
1988

Fitness Club

エクササイズ

かつては、大阪府の経営する「ホテル大阪サンパレス」であった。オープン当時、館内のフィットネスクラブのためにデザインしたロゴで、現在は阪急阪神ホテルズの経営となったが継続して使われている。大阪の街にあって広大な自然の中にある特長を活かし、自然（植物）と人間を融合させた形でロゴタイプを創った。スポーツすることは、ひと時自然の一部になることではないかという想いからである。「V」と「A」は回転してもほぼ同じ形をして躍動感を与えている。つなぎ目のわずかな差は、ロゴとしてのすわりを良くするため、ベースラインを揃えた結果である。
カラーは公園内の施設であるので、老若男女さまざまな人がさまざまな目的で利用されるシーンを表現したもの。

ホテル・シーショア御津岬

リゾートホテル

Resort Hotel

海岸線を連想させるカーブをその造形の基調とし、
非日常的休日感覚を出した。
cl. ホテル・シーショア御津岬
ad.d.高田雄吉
1988

海岸線

HOTEL
seashore
MITSUMISAKI

シーサイドにあるリゾートホテル。コンセプトや
ネーミングにビジュアルが見えてくると、デザイン
する側は方向性がはっきりするので、精神的には
楽である。その分、誰もが思いつくモチーフや
アイデアの範疇でオリジナリティを問われること
になる。ロゴタイプ自体に海岸のイメージを持ち
込んだものは、意外とこれまでなかった。DTP
以前の仕事なので、手書きのロゴタイプを創れる
デザイナーが少なかったせいもあるだろう。
海岸線をのロゴで、ビデオを創った。人がいない
早朝の海水浴場で、砂をコーティングした立体の
ロゴを波打ち際に並べ、波に洗われて文字が崩れ、
離れながら波と一体になってゆく様を撮影して
逆回しした。すると波打ち際からロゴが泡ととも
に現れ出て、ヴィーナスのごとく誕生する。
よく見れば逆回しの波は不自然なのだが、
どうやって撮影したのか不思議がる人も多くいた。
撮影では、波の力に左右されるので、文字が
倒れたり崩れ方が急すぎたり、カメラマンには
苦労をおかけした。

たのしぎらんど
アミューズメント

ファミリーやカップルを対象とした
アミューズメントゾーン。
ハレーションするひらがなで
健全さと楽しさを醸し出した。
cl. ボウルバロン
ad.d. 高田雄吉
1992

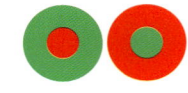

Amusement

楽しさのフォルム　　ハレーション

たのしぎらんど
TANOSHIGILAND

ボウリング、ビリヤード、卓球ができるアミューズメント施設。ネーミングも筆者の案が採用された。「楽し」と「不思議」を組み合わせた造語である。言葉の組み合わせは、文字の組み合わせとも共通点がある。足し算をした後引き算をしていくようなテクニックだ。レゴで何かをつくるとき、ひとつひとつのパーツが組み合わさって違うひとつの形＝生命を持つかのように。もちろんそれだけが手法ではないが基本ではある。
ロゴのデザインはくるくるした形態のパーツをつなげていったもので、転がっていく形は、次に起こる何かを予測させない面白さを感じさせる。カラーは、非日常的にネオンの煌めきを出すため最も彩度の高い赤とその補色であるグリーンのダブルラインとし、ハレーションを起こすようにした。サインデザインも担当した。デザインは、ロゴとは造形に直結しているわけではないが、室内にいながら天体にまで思いを馳せ、ここにしかない「たのしぎ」を味わっていただけたらと思う。

大阪市身障者スポーツセンター
スポーツ施設

身障者を意味するモチーフは、身障者用トイレのピクトグラムが
オーソライズされ、車いすに代表される。
スポーティなイメージと、
気軽に参加できて楽しめるイメージの両立が
デザインの着地点であった。
cl. 大阪市
cd. 吉羽敏郎
ad. d. 高田雄吉 d. 日高真吾
1984

Sports Facility

イニシャル S

身障者ピクトグラム

スピード感

OSAKA CITY SPORTS CENTER FOR THE DISABLED

鷲ヶ岳スキー場
スキー場

鷲ヶ岳のWと鷲、それにスキー板を幸運にも融合でき、
印象に残るシンボルとなった。
cl. ひるがの高原観光開発
ad.d. 高田雄吉
1987

Ski Resort

イニシャルW

スキー

鷲

フローベアホール
セレモニーホール

Celemony Hall

90年超の歴史を持つ葬儀社花熊は、新館をフローベアホールと改め、
フレンドリーなイメージのセレモニーホールへと進化した。
花に抱かれた熊は、信頼と誠実さと親しみのシンボルとなっている。
cl. 花熊　フローベアホール
ad.d. 髙田雄吉
2013

花

熊

Flowber Hall

シンボルの花は野に咲く花、熊もぬいぐるみのような
やさしいフォルムとシンメトリカルな表現で
誠実感と親しみを出している。
ネーミングも提案し、英語直訳のFlower Bear Hall
では呼びにくくあたりまえすぎるので、敢えて
日本語で読みやすく短い、造語 "Flowber Hall /
フローベアホール" とした。
花の flower は flor、熊の bear は beer や bär など
と表記する言語もあり、固有名詞としての強度を
持たせてみた。

ブランド **Brand**

大塚「マッチ」
清涼飲料

Soft Drink

「栄養補給」と「スポーツドリンク」の
2つのコンセプトから、
文字の正体とイタリック体を融合させた。
力強さと遊び感覚を演出した。
cl. 大塚ベバレジ　ag. NIA
pr. 坂口恵之佑
ad. d. 高田雄吉
1997

MATCH　　*MATCH*

正体　　　　イタリック

MATCH

かつて、ゴルフ場で二人のゴルファーが、オロナミンCは味が濃くて量が少なく、ポカリスエットは味が薄く量が多いので1本ずつ買って、両方を混ぜて半分にシェアするのが流行ったとか。そのようなドリンクをつくろうと進められた。もちろん、単純に混ぜただけではなくビタミンCの配合など綿密に計算されつくして開発されたものだ。
ロゴは、ローマン（直立した正体）の内側をイタリック（斜体）とし、コンセプトを具現化した。

筆者は、ミューラー＝ブロックマン先生の教え子でもあるので、普段はUniversよりややハードな感じのHelveticaを使うが、大塚グループの仕事では、ブランドイメージフォントにUniversを使われているので、MATCHのロゴもUniversをベースにデザインしている。ブルーはポカリスエットのブルー、ポカリブルーである。

＊ミューラー＝ブロックマンは、元大阪芸術大学客員教授。スイス・タイポグラフィの旗手と目され、Akzidenz Grotesk、Helveticaなど1書体だけで構成した優れたデザインを多く残している。

イメージポスター

Platform
鞄ブランド

Bags

PとFをモチーフに、拡大してゆく正方形と円弧の出会いは
都市生活のリズムの中のプラットフォームを暗示している。
cl. 十川鞄
ad. d. 高田雄吉
2012

PF
イニシャル PF

フィボナッチ数列

Platform

Platform
STANDARD TO THE NEXT

Made in Japanブランドにこだわるものづくりに
共鳴し、強いブランドを創るべく、黄金比を生む
最初の比率１：２：３を基本の骨格とした。
造形的にも揺るぎないものとし、刻印やエッチング
など、ラゲージに欠かせないツールにも汎用性の
高いデザインとした。
ビジネスバッグは自身でも愛用している。
実際に使いながら、グラフィックデザインと
ファッション・プロダクトデザインの交差する
領域でもブランド提案をしていきたい。

SOGAWA LUGGAGE

MADE IN JAPAN

Platform
STANDARD TO THE NEXT

イメージポスター

フジ矢
工具メーカー

富士の山をも貫くような、工具に求められる
高精度の技術力を表現した。
cl. フジ矢
ag. ジーノーズ
ad. 高田雄吉　d. 湊誠二
2002

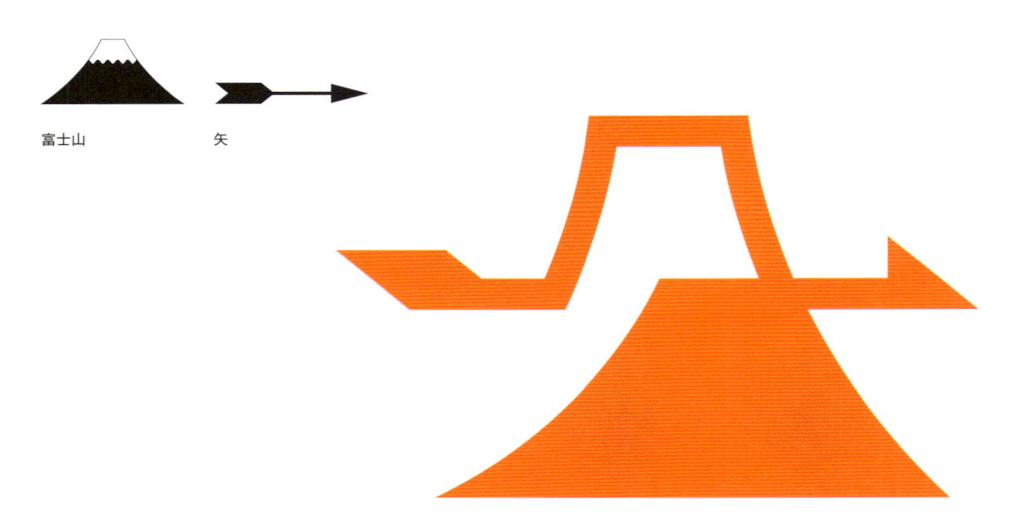

Tools

富士山　　　矢

FUJIYA

刻印用ロゴ

ものづくりのメッカ東大阪のフジ矢は、ペンチの
トップメーカーである。シンボルマークは、
従来から富士山と矢がモチーフであったが、赤い
丸に細いラインのデザインで、類型的でアピール
力が弱いということで、リニューアルする
ことになった。新しいロゴは、丸いフレームを
取り払い、モチーフと背景を一体化した大胆な
デザインとした。ペンチ本体の金属部分にも刻印
するので、製品だけを見てもはっきり峻別できる
ように検討された。

アシックス「Flash」
スポーツシューズ

Sports Shoes

スタートダッシュに次ぐ疾走のスタイルを
スターフォルムとタイポグラフィに託した。
cl. アシックス　ag. アクシス
cd. 坂口恵之祐
ad.d. 高田雄吉
2002

瞬発力　　　　　疾走

秒速に生きるスプリンターのためのプロ用
シューズブランド。
スターフォルムは瞬発力を、ベースラインまで
おろしたAの横線と、水平のラインを強調した
タイプフェイスはスピード感を、それぞれ
表している。

Trigents
紳士服ブランド

Menswear

中国で初めての国産ブランド。東洋と西洋の融合をテーマに、
将来性を考えた国際的な視野でデザインした。
cl. 青島正装有限公司
ag. NIA
ad.d. 高田雄吉
1994

西洋と東洋

中国初

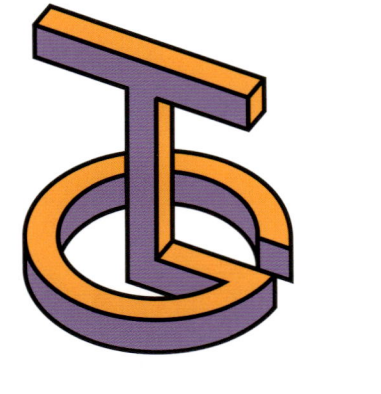

TRIGENTS

中国初の紳士服ブランドとして、旗を立てて
立ち上がる姿勢と、東西文化の交差を
ビジュアル化した。カラーは中国なら赤だが、
敢えて広く東洋を捉えオレンジとし、
西洋もパープルにシフトした。
西洋ブランドの伝統とも言えるモノグラム
デザインの立体化を試みた。

オブジェ

ル・シエール
コンフェクショナリー

Confectionary

羽田空港内のカフェと洋菓子のブランド。Cielはフランス語で空。
パッケージでは雲のフォルムをサブエレメントとし、
空の彼方の目的地への連想を図った。
軽快でニュートラルな安心感を出している。
cl. 東京エアポートレストラン
ad.d. 高田雄吉
1990

軽快、安心感　　雲

東京羽田の空港ビルが経営するレストラン・カフェ
がつくるスイーツブランドである。
機内に持ち込み可能なアタッシュケースのサイズ
から割り出したモジュールでパッケージの
大きさを決め、お菓子の大きさをそれに合わせて
つくってもらった。
ロゴは従来使っていたものを軽快にリデザイン。
雲のモチーフをセットした。

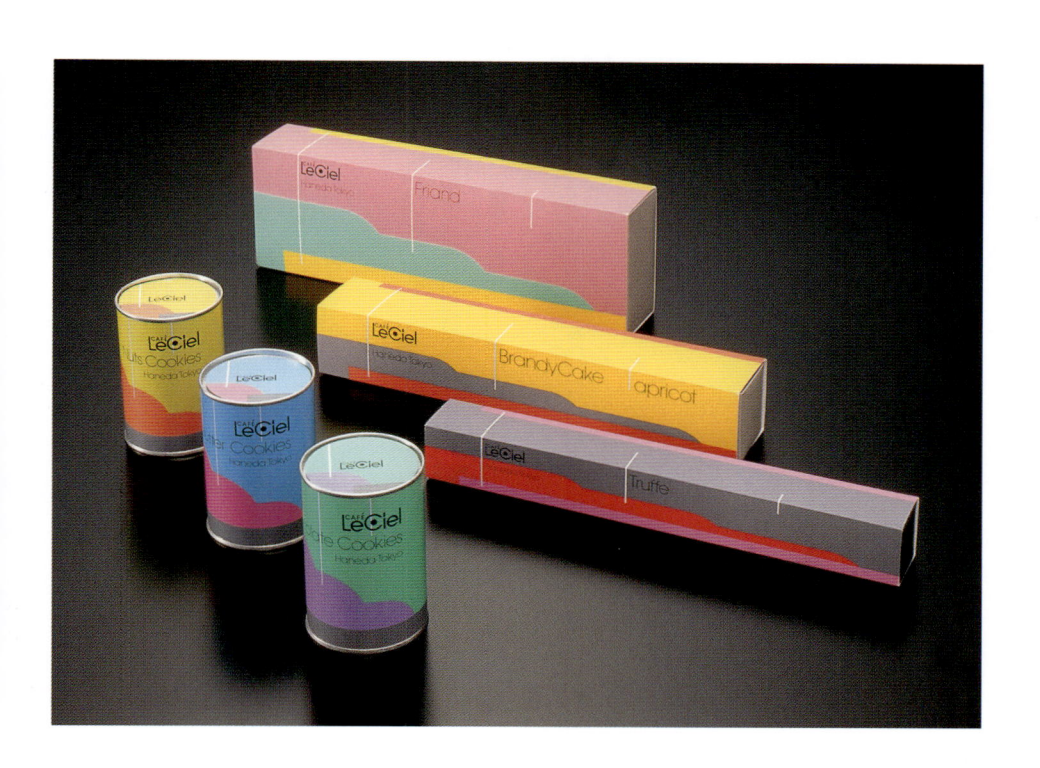

パッケージデザイン

ポーセア
化粧品

Cosmetics

シンボルは、植物と漢字をモチーフに
規則性のあるシンプルな造形で、繊細さと強靭さを出した。
cl. シップベル
ad. 高田雄吉
d. 湊誠二
2012

P　　　生

イニシャル P　　生命

PORCEA

化粧品の新規参入ブランドで、ネット販売と雑誌
での展開がメインということで、ブランド名の
認知と同時に、印象に残るものが必要であった。
視認性を考えると、ロゴタイプスタイルの方が
ネーミングが大きく扱えて有利ではある。
しかし、ロゴタイプを個性的にしすぎると、
化粧品としての信用性、品質感に欠け、
既成書体に近いと記憶に残りにくい。
よって、ロゴタイプの個性は抑え、シンボル
ロゴタイプスタイルとした。

ネジザウルス
工具

NとSはプライヤーのフォルムである。
プロフェッショナルな感性を保たせるよう、
シャープな形態を六角形に格納し抑制を効かせている。
cl. エンジニア
ad.d. 高田雄吉
2016

N   **S**

イニシャルN   イニシャルS

ネジザウルスは、外しにくいネジを外せる
プライヤーのパイオニアだ。
海外でも販売も見据え、類似品との差別化を
図るため、シンボルを強化することになった。
ザウルスの名にふさわしく、パワフルなツールである
ことを強調できた。
同時に和文のカタカナのロゴタイプも一新したが、
欧文の新しいロゴタイプに100%合わせるのではなく
製品のサイクルの連続性も鑑み、旧ロゴタイプの
リデザインにとどめた。

パナソニック「Σブック」
電子ブック

E-Book

シグマは本の形と相似形を成すようデザインした。電子化によって
書物のあり方が拡張してゆく未来を描いてみた。
cl. パナソニックデザイン
cd. 豊田博司
ad.d. 高田雄吉
2002

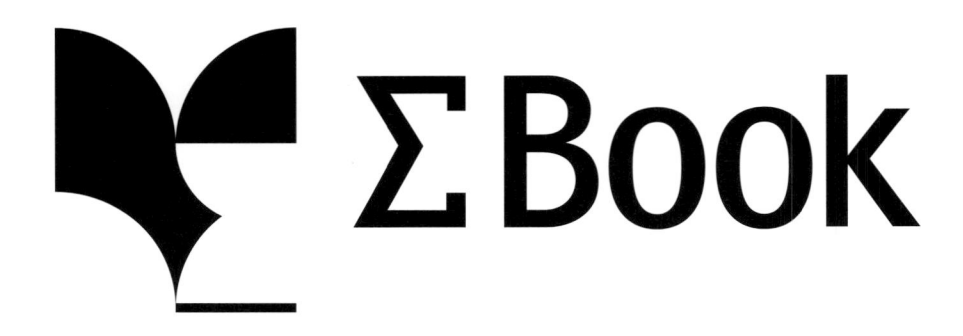

本　　　　　シグマ（Σ）

Σ（シグマ）は、数学では総和を表す。
Σのキャラクターと本を開いた形は、
90度回転し拡大してゆくことができる。
人知の集積である本というメディアの持つ力を
表現できないかと考えた。

オンキョー「インテグラ」
オーディオ製品

同社の主力ブランドの機器自身のデザイン変更に伴い、
ロゴをその形態に寄り添うようリデザインした。
cl. オンキョー
ad.d. 高田雄吉
1991

Audio

プロダクトフォルム

Integra

Integraはオンキョーの上級製品に冠される
ブランドである。従来の製品のデザインが角張って
いたのに対し、最近のデザインは、角が取れた
柔らかで軽快なフォルムが主流となってきている。
なのに従来の角張ったままのロゴが製品に付いて
いたのではおかしいので、ロゴもデザイン変更
となった。
ところで、以前のデザインは、なんとデザイン界
の巨人、亀倉雄策氏によるデザインであった。
えらいことである。筆者の出した答えは

クライアントの意向でもあったが、プロダクトを
邪魔しない、永く使えるロゴタイプである。
一見すると何ともないかもしれないが、細部の
検討を重ねた結果である。何年使ってもらえるか、
プロダクトがどう変わるか、みなさん、
見とどけてください。

ヴィンテージクラブ
紳士服ブランド

Menswear

紳士肌着のパッケージデザインのコンペで
あったが、一歩ステップアップした高級
ブランドを目指し、クラシックなメタルパーツを
連想させるモノグラムのロゴを提案した。
cl. ジャスコ
ad.d. 高田雄吉
1986

イニシャル VC

クラシック・メタルパーツ

エリートマン
紳士服ブランド

Menswear

ハイクラスのヴィンテージクラブに対して
スタンダードクラスの紳士ブランドのデザイン
依頼があった。高品質でベーシックなフラッグシップ
ブランドを目指すべく、幾何学的な造形に抽出した。
ブランドはもうないが、ジャスコは現在のイオンである。
cl. ジャスコ
ad.d. 高田雄吉
1987

イニシャル E   正方形   旗

フッ素クロス「フローリナ」
フッ素加工クロス

Fluorine Cloth

テーブルクロスがメインの、汚れを拭き取れるファブリック。
イニシャルFをパターンとしたクロスをモチーフに、
ぴんと張ったイメージとラベンダーカラーで清潔感を高めている。
四方のドットは扁平にする方が見かけ上は正確なのだが、
造形の強さを優先して正円のままとした。
cl. かじ新
ad.d. 高田雄吉
2013

イニシャル F　　ファブリック　　はっ水・伸張

ベイシス
タイルシリーズ

Tiles

ベイシックなニュートラルカラーと
テクスチャーのタイルシリーズのブランドである。
ベイシックな商品性から、タイルの原点に還り
タイルパターンのロゴタイプとした。
cl. 不二見セラミック
cd. アイ・エフ・プランニング
ad.d. 高田雄吉
1982

タイルパターン

エコロジー　　　　　　　　　Ecology

エコ イノベーション

リサイクル

主に鉄をリサイクルする企業である。
地球を暗示させる円の中に、さらに回転してゆく円で
環境とリサイクルをイメージさせるロゴとした。
抽象度を高めることで、革新の精神を表現。
cl. エコイノベーション
cd. スーパーステーション
ad. d. 高田雄吉
2013

Recycle

循環　　eco

eco innovation

1990年代、DTPがグラフィックデザインにおいて発展し、グラデーションを使ったロゴが流行ったことがあった。それまで、印刷指定が複雑だったことと、表現に新規性が求められたことが理由に挙げられる。ところが流行は類似性につながり新規性がなくなる。大手CIデザイン会社では、当時グラデーションのロゴを禁止したそうである。筆者も、汎用性における制限（立体物への展開など）や品質の不安定さ（ツールによるトーンのばらつきなど）を考え、グラデーションのロゴは極力避けてきたが、ウェブサイトへの展開の重視や、印刷費の低価格化により、新しい表現の一環として提案するケースも出てきた。
エコイノベーションでは、目指すべき循環型社会の回転する連続性イメージ、透明感、未来感などが評価された。

古紙配合率表示

エコラベル

Recycled Paper Mark

リサイクルのイニシャル「R」の中に、3つの矢印をコンバイン。
リサイクルだけでないゴミ減量化の
リデュース、リユース、リサイクルの3Rを包含した。
また、古紙を混入させるイメージをストライプに込めた。
cl. 大阪府
ad.d. 高田雄吉
1995

➡ **REDUCE**
➡ **REUSE**
➡ **RECYCLE**

3つのR　　　　　循環

50% RECYCLED PAPER

筆者のデザインしたロゴのうち、おそらくは
最も大量に使用されているロゴであろう。
古紙配合率表示は、大阪府環境整備課の依頼で
デザインしたものだが、その後全国で使うことに
なった。デザイン料は当初、大阪府から
いただいた料金だけである。さらにその後、
製紙会社による配合率の虚偽があった。筆者には
責任はないのだが、それまで自社のポートフォリオ
でロゴを紹介する際にR100としていたものを
今ではR50に変更している。

＊なお、この通称Rマークは、いろいろな記号の書物などに掲載
され、使用権フリーとなっているが、時々、原型と違うものが
見られるので、使用になりたい方は以下に連絡いただければ、
オリジナルデータをお送りします。
有限会社CID研究所
cid-lab@gc4.so-net.ne.jp

ちゅうでんフォレスター

環境活動

イニシャルCとFで樹木とそれを育む人を
シンボライズした。
植物と人は、互いにつながり合い、
人も自然の部分であることを物語っている。
cl. 中部電力
ag. 中電興業　cd. セネカ
ad. d. 高田雄吉
2009

Environmental Activity

イニシャル CF　森を育む人

森林

CHUDEN
FORESTER

中部電力が推進する、森林整備による環境保全
活動を目的とした環境ボランティアとして、
必要な知識と技術を習得するプログラムの認定を
受けた人を「ちゅうでんフォレスター」と呼ぶ。
準公共的な企業にあって、子供も参加するイベント
でもあることで、コンサバティブな信頼感と
ややくだけた親しみやすさの中間のイメージに
照準を合わせた。

樹木の形のある定規

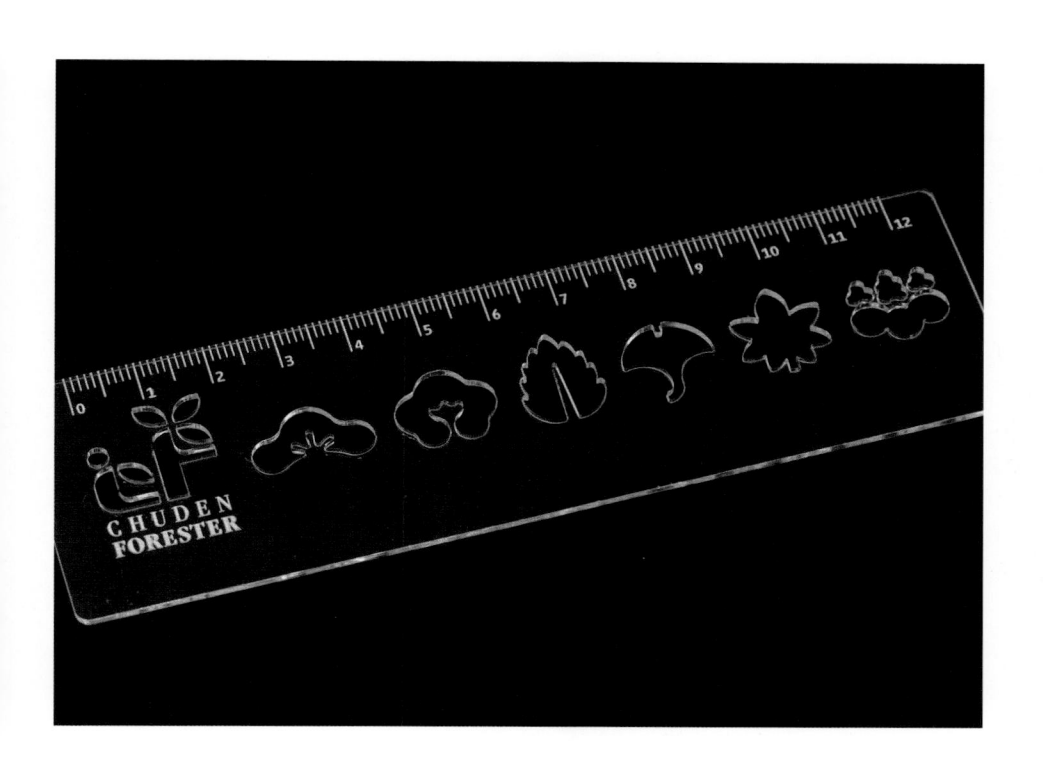

マリタイム

管理会社

Marine Management

地球一周の旅行代理業を
多角的に支えるイメージをビジュアライズ。
cl. マリタイム
ad. 高田雄吉　d. 湊誠二
2008

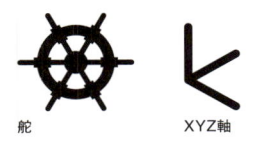

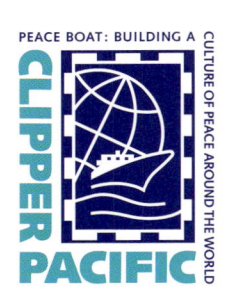

舵　　　　　XYZ軸

地球一周の旅行「ピースボート」を運営管理する
会社である。
Clipper Pacificは船の名前で、Tシャツなど
グッズに展開した。地球を一周する船旅の、
これから始まる夢と希望、さらには未来に
残るであろう記憶の凝縮を試みた。

エコクラート

エコロジー企画会社

地球は人間を映す鏡。
人類が変われば地球もその姿を変える。
地球と一体である地球人としての自分を見つめ直してみよう。
cl. エコクラートデザイン
ad. d. 高田雄吉
1999

Eco Style Planning

地球　　人間

イーモア

バッテリー保護シート

「エコをもっと」を、ウインクするe−とした。
明日のほほえみは今日のエコから。
cl. エコアス
cd. グラファイ
ad. d. 高田雄吉
2007

Battery Protection Sheet

ウインク　　エネルギーの循環

エコショップ
環境運動

リサイクルやゴミの減量化に努める店の
シンボル。コンペグランプリ。
cl. 大阪府
ad. d. 髙田雄吉
1993

Eco Shop

地球を包む手

エコショップとは、大阪府が環境活動で地域に
貢献しているエコフレンドリーな小売店に
与える称号だ。ネーミングとシンボルマークの
一般公募であった。エコショップのネーミングも
同時に提案するという条件であったが、私は、
「エコショップ」は新たにネーミングを創っても
認知されにくいと判断し、ネーミングはそのまま
使ってシンボルマークの提案をした。意図は
認められ、現在も大手スーパーのドアなどに
ステッカーが貼られている。

オブジェ

トウモロコシの繊維

エコロジー素材

特異な繊維製品の驚きを、とうもろこしを
素直に表現することでアピール。
力強い葉の形は環境を意識した
これからの事業への意気込みを表明している。
cl. かじ新
ad. d. 高田雄吉
1998

Fiber of Corn

とうもろこし　　意気込み

スティッチバインディング

環境技術

糸中綴じ製本のための本のロゴ。
金属の針を使用しないので環境負荷を軽減する。
本と、糸の象形文字である糸束の形をデザイン。
cl. ペガサスミシン製造
ad. d. 高田雄吉
2006

Environmental Technology

本　　糸の象形文字

StitchBinding

ストーンシート
エコ複合素材

Eco Material

ストーンシートとは、樹脂に炭酸カルシウムを50％以上含んだ
一般ゴミとして取り扱うことができる、樹脂複合材料である。
柔らかな用紙=S (SHEET)の中に、石=S (STONE)からできている
ことをネガとポジの関係で表現した。
cl. Calcium Carbonate Composite協会、アースクリエイト
ag. 大日本商事
ad.d. 高田雄吉
2020

S
イニシャルS

最小サイズ　　エンボス用最小サイズ

ストーンシートのロゴのように、機能を表わす
ロゴは、識別マークとして、様々な用途に使用される
ことを想定してデザインされることが前提条件
であった。
モノクロでの表現はもちろん、ロゴの幅は最小で
5–7mm、食品トレイなどにエンボス加工されること
も頭に入れておかねばならない。
あらゆるロゴの中でも、最も汎用性が要求される、
言わばピクトグラムに近い性質のロゴだろう。

STONE SHEET

ショップ＆レストラン　　　　**Shop & Restaurant**

IZM
ショールーム

新機軸のコンセプトのもとに同社の思想、
遠くを見通した未来性、
高い志を持つ革新性を表現した。
cl. 小泉産業
ad. d. 高田雄吉
1990

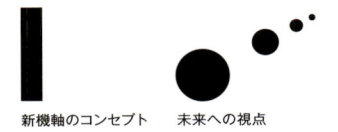

Showroom

新機軸のコンセプト　　未来への視点

勤めていた会社の社長から、「絶対に勝て」という
厳命が下った。照明のコイズミのショールームの
ロゴは事務所間のコンペであった。時まさに
バブルの時期で重要案件が複数動いており、私は
社内の制作で指揮を執ることに専念していたので、
クライアントとは直接お話ができないままに
提案することとなったが、幸い採用された。
クライアントの未来に対する意気込みを反映し、
平面的なハードエッジの表現で、どれだけ立体的で
パースペクティブなイメージを出せるかの実験

でもあった。
ショールームの設計はピーター・アイゼンマン氏、
イメージポスターは松永真氏がデザインされた。

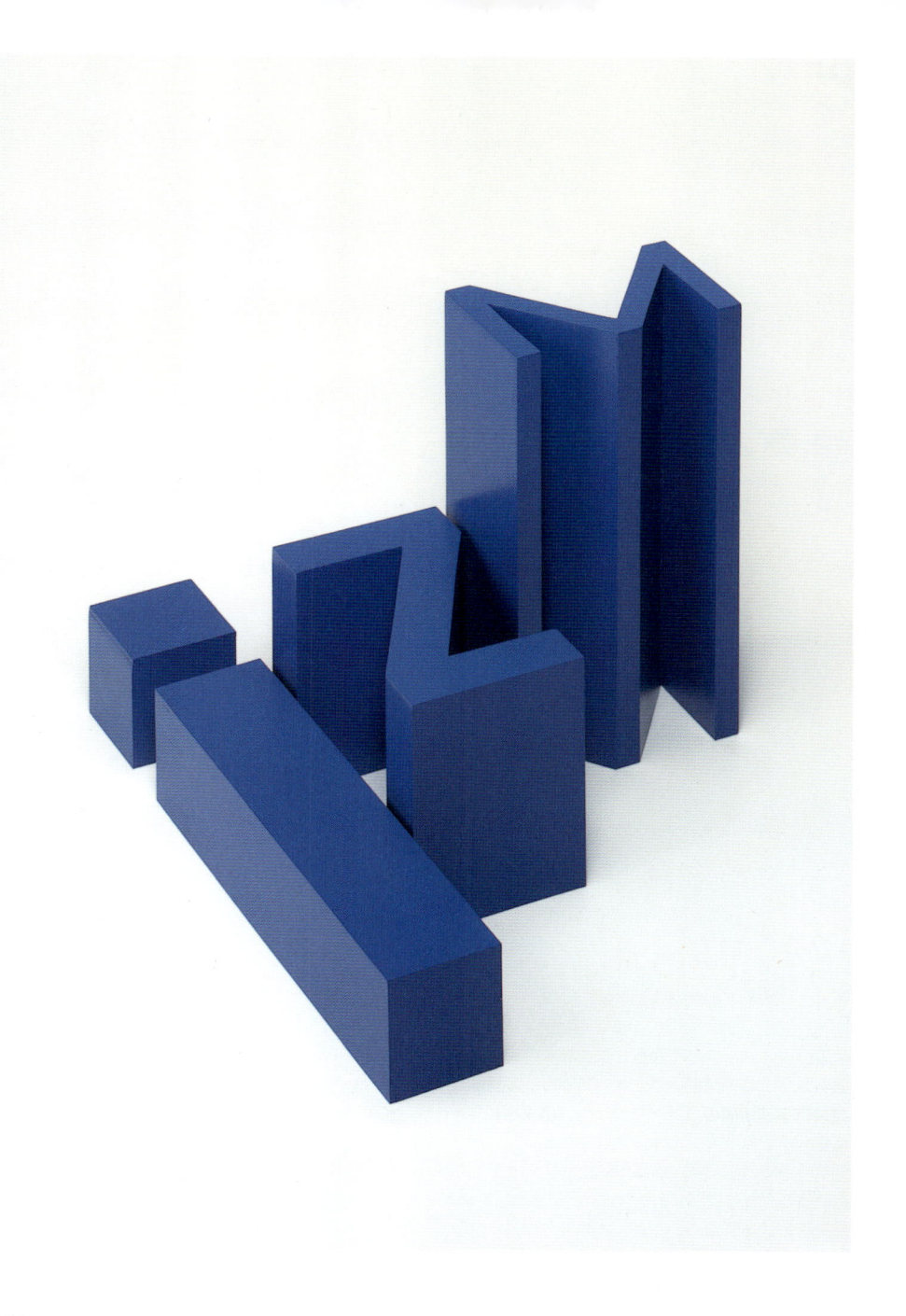

オブジェ

ロゴバ
インテリアショップ

Interior Shop

RogobaのRGBは光の三原色、
○□△は形の3要素と言える。
インテリアデザインのベイシックを捉えながら、
アートにもつながるライフスタイルを
提案する企業姿勢を表している。
cl. ロゴバ　cd. 西川純一
ad. d. 高田雄吉
1995

丸、四角、三角

光の三原色

ROGOBA
DESIGN ON LIFE

ROGOBA
ART ON INTERIOR

ロゴバは、トルコの織物キリムと北欧の家具、額などを扱うインテリアショップである。RGBで丸四角三角をモチーフとする原案は、元建築家であるオーナーの発案である。デザイナーとしては、造形的にクオリティを上げることと、アプリケーションデザインに重点を置くこととなった。
スタートした大阪店では、インパクトを優先し、丸四角三角を塗りつぶしていたが、東京店では、高級感を優先しラインのみのロゴとした。

タグライン＊は、両店ともオーナーと筆者が悩んで考えたものである。

＊タグライン：ロゴに付随するキャッチフレーズ

イメージムービー

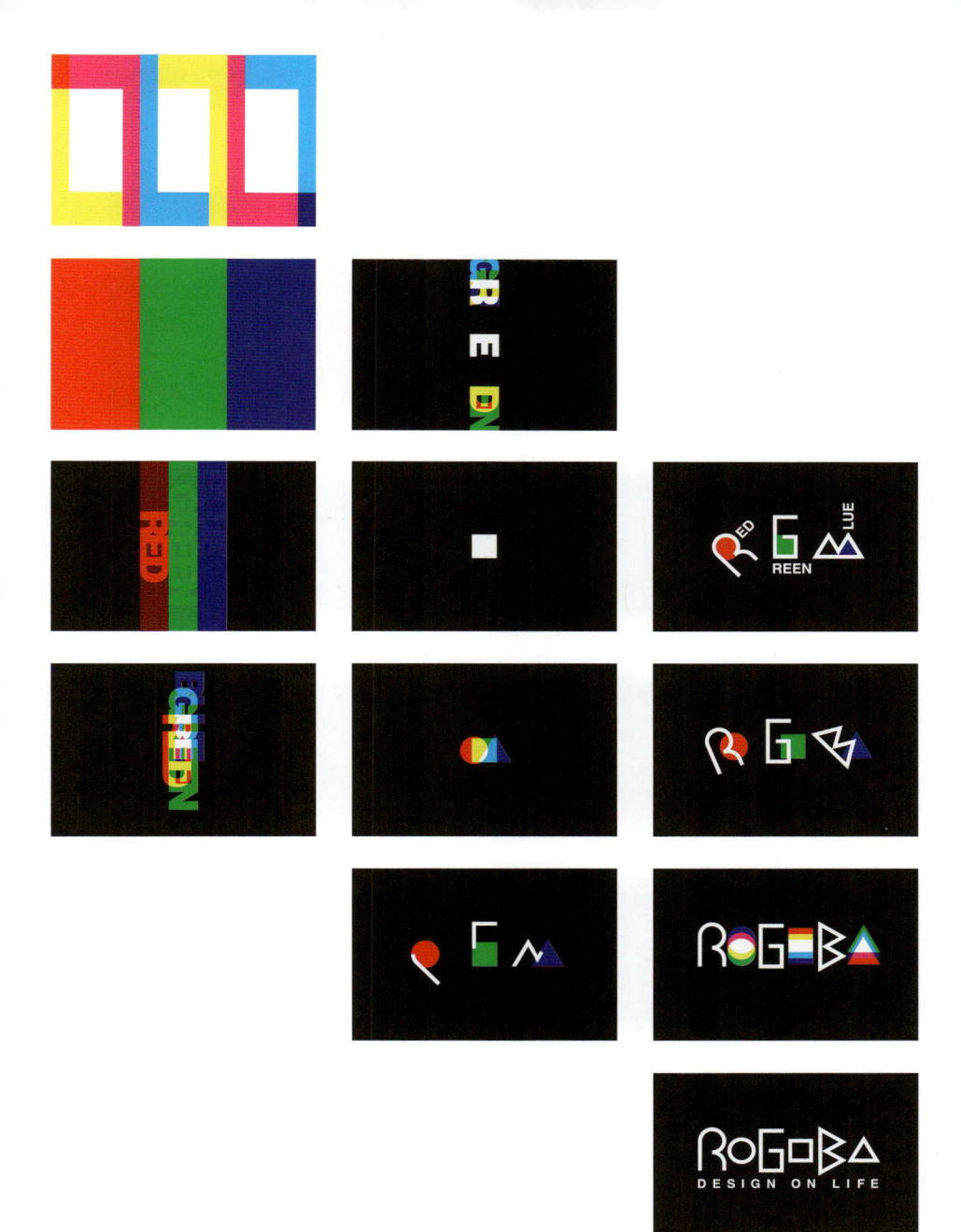

ヴィ・エトフ
インテリアショップ

北欧のテイストを持つインテリアショップ。
シンプルなエレメントだけの構成で、
品格と合理性を表現しながら、
可読性とオリジナリティを出した。
cl. 織絵
ad. d. 高田雄吉
2006

Interior Shop

lo/
幾何学形態

vie étoffe
INTERIOR FOR QUALITY-OF-LIFE

ロゴバさんの紹介で、富山のインテリアショップ
から依頼を受けた。「ヴィ・エトフ」とは生活の（また
は生命の）布の意。クライアントがファブリックを
中心に扱ってこられた名残である。
オーナーは、北欧と日本のインテリアに
「シンプルな豊かさ」という共通点を見いだされ、
デザイナーとしてはシンプルで味のあるロゴを
目指した。

オフィスレット
オフィスサプライショップ

Outlet

オフィスの備品をリーズナブルに提供する業態を、
シェイプアップしたタイプフェイスで表現。
しっかりしたエッジと柔らかな曲線を持つ
サンセリフ体は信頼と親しみを出している。
cl. オフィスレット
ad. d. 高田雄吉
2002

シェイプアップフォルム

OfficeLet

コクヨグループのアウトレットショップである。
文字をカットして、見えやすさを維持できる
限界まで切りつめてみた。
リーズナブルな商品を扱う業種であっても、
チープにならない方法を問いかけてみた。

吟 SHIZUKU
リカーショップ

メイド・イン・ジャパンのお酒の
テイスティング＆ショップ。
吟味した雫を楽しむために……。
cl. 日の丸グロッサリー
ad. 高田雄吉
d. 湊誠二
2006

Liquor Shop

雫

日本産

国産のお酒と言っても、日本酒や焼酎だけでなく、
ワインもあるリカーショップのロゴは、現代の
和をイメージさせることを目標とした。
エレメントが日本地図に変化するアイデアは
高田の片腕、湊誠二によるものだ。

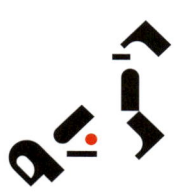

Tasting & Liquor Shop, Open 23 June. Made in Japan.

酒商 SHIZUKU

イメージポスター

宝石の富士屋
宝石店

Jewelry Shop

JewelryのJとFは、互いに連結できる
ネガとポジの関係にあり、
宝石の結晶と輝きを表している。
cl. 宝石の富士屋
ad. d. 高田雄吉
1984

JF
イニシャル JF

輝き　　　　　結晶

JとFは合体して六角形の結晶の形となる。
Jewelry Fujiyaという名称に恵まれないと
できないデザインだが、それを発掘する力、そして
意図する形に創り上げてゆく力もデザインと
言えよう。できあがったロゴは、左上と右下に
重心が偏っており、垂直のラインをそのままに
しておくと左に傾いて見えるため、ロゴ全体を
時計回りに1度回転させて視覚調整を行っている。
写真は、ロゴでつくったパズルである。お客様に
実際に結晶をつくってもらおうということだ。

オブジェ

船場カリー

カレーレストラン

味にするどい大阪人の舌に応えるべく
大阪のど真ん中にデビューした心意気を
ぴりっと辛い鋭角的なフォルムで挑戦的なデザインとした。
cl. 船場カリー
ad. d. 高田雄吉
1997

鋭角フォルム（スパイス）

大阪のレストランは本当に旨い。旨くて高い店は東京でも多いが、大阪は旨くて安いのだ。
船場カリーは食通が多い大阪人のきびしい舌に育てられ、1997年に大阪中心部の船場に誕生した。創始者は高田の幼なじみであり、脱サラして始めたもの。そこで、ネーミングもロゴも無料で、メニューとサインのデザイン料のみで請け負った。そのかわり、支店ができたらロイヤリティ料をいただくことにした。正直なところ、期待はまるでしていなかったが、チェーン展開して、なんと16店舗を数えるほどに成長した。
ロイヤリティ方式は、グラフィックデザインの世界ではほぼないのだが、初期投資を少なくし、成功報酬の形で、いいものを創った分だけデザイン料が上がっていくのは健全な方式だと思っている。グラフィックでは、規模の小ささと使用期間の短さなどで、いい仕事をすると次につながるというパターンが実際的なようだ。

アルバロンガ
イタリアンレストラン

アルバロンガはイタリア語で
日の出の丘を意味し、古代ローマ帝国の
最初の小さな町の名前。
cl. アルバロンガ
ad. d. 髙田雄吉
2006

Italian Restaurant

日の出　　丘　　ローマに通ずる道

ALBALONGA
CUCINA ITALIANA

大阪は心斎橋の鰻谷に新しくできる、グルメビル「鰻谷BLOCK」は、テナントに入るレストランのコンペティションを行った。和食、フレンチ、イタリアンがあり、イタリアンで勝ち抜いた店が"ALBALONGA"である。
ローマに通じる街という理想を掲げるにふさわしく、太陽と栄光の表現として、シンメトリックな光の道のデザインとした。ロゴタイプもシンメトリーを増幅している。
イタリアンレストランの王道を歩むかのように、ランチでも予約が必要な店として人気を博している。

アイル・モレ

レストラン

Restaurant

Air Molékは美しい水の意。
ハイクオリティでインターナショナルな
大阪を代表するレストランである。
cl. アイル・モレ コタ
ad. d. 高田雄吉
1983

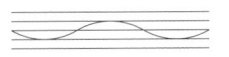

リバーフロント

美しい旋律

AIR MOLÉK

20代の頃、パンが好きであちこちのベーカリーの味を試していた。同時にベーカリーのショッピングバッグや袋をデザインサンプルとして収集していた。いつかはベーカリーの仕事をしてみたいとも夢見ていたものだ。30歳のときに幸運にも、ベーカリー&フレンチレストランの仕事に巡りあった。筆者はチーフでもあったがパン好きは社内でも知られていたので、担当にあたることができた。何しろパンやケーキのパッケージサンプルをファイルひとつ持っているのだ。今ではネットでいろいろな情報が収集できるが、現物に勝るものはない。特にパッケージは、現物でしかわからないテクスチャーや加工がデザインの重要なファクターになるケースがある。
クライアントにサンプルを見てもらうことで、方向性が決定づけることができるので、ゴールまでの道筋が見えてきて、比較的短期間で仕上げなければならないショップデザインでは、アプリケーションデザインにアイデアを試していく余裕ができる。

ショッピングバッグ（左は親会社、花外楼。書は木戸孝允）

フクモトメガネ
眼鏡店

Optician Shop

店名の真ん中にある"OTO"を鼻と眼鏡に見立て、
一度見たら忘れられないロゴタイプとした。
cl. フクモトメガネ
ad. d. 高田雄吉
1994

OTO

眼鏡フレーム

fukumOTOmegane

FUKUMOTO MEGANEの "OTO"が
ちょうどネーミングの真ん中に当たる、と言うか、
真ん中になるようデザインもしている。
答えを見ると簡単な、一見とんちパズルのような
ロゴのようだが、ここに至るまでに、さまざまな
書体＊で組んでみて、"OTO"をセンターに持って
くるように工夫している。欧文の一文字の字幅は、
通常いくつかのグループにまとめて設計される。
フォントによっては多少違いはあるが、bgpq、
hnu、は同じ字幅である。FUKUMOTO

MEGANEの場合、OTOの左側のumと右側の
mnは同じ幅であるので、すなわちfukとegaeの
字幅の合計が同じになるフォントを探りながら
デザインする。uはegaeより丸みのない分だけ
狭いので、fkの幅を広くデザインすることに
なるが、それでは統一感がなくなるので結局、
meganeをライトにして完成させた。

＊書体とは、ある設計思想によってデザインされた文字群。
タイプフェイスとも言う。フォントはデジタル化された
書体の一組（1ウェイト）。

アサクラ・フラワリング
フラワーショップ

Flower Shop

植物の形態とスクリプト体の融合を目指し、
ラッピングペーパーへの展開で
花との一体感を出そうとした。
cl. アサクラ・フラワリング
ad.d. 高田雄吉
1984

植物的な形態

フラワーショップのロゴをオリジナルの
スクリプトタイプで創る。当たり前のアプローチ
なのだが、これがけっこう難しい。手技の部分が
大きなウェイトを占めるので、アマチュアでは
描き込むことはまず無理である。
花屋さんは大きな店ではないので、シンプルな
ロゴタイプスタイルの方が視覚訴求効果では有利だ。

フィットカフェ
カレー & カフェ

ランチのベジカリーが自慢のカフェ。
おしゃれなギャラリーでもある。ロゴタイプは
ターメリックのフォルムをモチーフにしている。
cl. フィットカフェ
ad. d. 高田雄吉
2011

Curry & Café

ターメリック

大阪北浜は、証券取引所と天神祭で有名な
天神橋との中間に位置する。おしゃれで歴史の
ある街にあって、洗練された店のしつらえを
オーナーと模索した。ランチの客は店名より
メニューを記憶することに着目、カフェのロゴは
あっさりとしたロゴタイプで、自慢のメニューに
記憶性のロゴタイプを提案。
店の心意気をスパイスの効いたロゴに託した。

医療・健康　　　　　　　　　　Health & Welfare

旭長寿の森
老人ホーム

Nursing Home

あいあいの語源から、寄り添い語らう雲たちと、
庭園の緑をモチーフにしたシンボルに、
解け合うイメージのロゴタイプとした。
cl. 社会福祉法人 旭長寿の森
ad. d. 高田雄吉
2000-2011

森　　雲　　鳥

星

特別養護老人ホーム「旭長寿の森あいあい」は、
グリーンテラスや屋上庭園を持つ、環境や地域を
意識した施設である。和気藹々の「あいあい」は
「靄々」とも書き、雲や靄が集まりたなびく様。
森と雲をモチーフに柔らかなフォルムのロゴとした。
後年、特別養護老人ホーム「ゆうゆう」と、
有料老人ホームの「ゆう&あい」も同区内で新設
された。森のフォルムを共通に、それぞれ鳥と星を
モチーフとして、カラーを変えてシリーズと
している。

あいあい

イメージポスター

かしいクリニック

クリニック　　　　　　　　　　　　Clinic

イニシャルのKとアスクレピオスの杖をモチーフに、
学究的な姿勢を出すことによって信頼感を高めた。
cl. かしいクリニック
ad. 高田雄吉　d. 湊誠二
2002

イニシャル K　　アスクレピオスの杖 K

大阪デザインセンターのデザイン事務所紹介
システムを通じての依頼であった。
ロゴのアイデアは、真っ正直なアプローチだが、
医院のロゴはまだまだ、先駆者の有利さが発揮
される分野なので、正攻法が有効である。
かしいクリニック（内科・消化器科）のセカンド
オピニオンの重視など、真摯な姿勢を反映した。

かく・にしかわ診療所
精神科クリニック   Clinic

精神科の語源である妖精プシケーの
蝶の羽根が心を癒すハート形に。
cl. かく・にしかわ診療所
ad. d. 高田雄吉
1999

心　　蝶・プシュケー

Kaku
Nishikawa
Clinic

精神医学（Psychiatry）の語源は、プシュケー
（Psyche）で、ギリシア神話の女神。蝶の羽根を
背中に生やしたとされる。ロゴは羽根と心の
シンボルであるハートをモチーフに、繊細な診療
をイメージさせるものとした。

コンクール
医薬品（マウスウォッシュ）

Pharmaceutical (Mouth Wash)

ブランドのイメージ目標である「安心感」
「清潔感」「さわやかさ」を表現した。
また、歯を連想させるフォルムとした。
cl. ピアス　cd. 平井美波
ad. 高田雄吉　d. 湊誠二
2001

健康な歯

ConCool

ConCoolの文字は、L以外すべて上を丸く
歯の形にできる。ロゴタイプを創りやすくする
ようにネーミングされたわけではないだろうが、
デザイナーにとってはラッキーだ。
筆者ならずとも到達できるアイデアとは思うが、
生活者に必要な最適解は突飛なものではなく、
日々の生活シーンに寄り添いながら、永く使って
もらえるデザインと考えた。二次元のプロダクト
デザインと言えよう。

大野記念病院
病院

Hospital

総合病院である信頼感と、ホスピタリティに力を入れた
医療体制の安心感を表現した。
十字のシンボルをモチーフにした病院や医院のロゴは数多くある。
その中で、まともに十字をデザインに持ち込もうとすると
類型的になるが、総合病院としての信頼感、風格を出すためには
常識的なデザインが要求される。
cl. 特定医療法人寿楽会 大野記念病院
ad. d. 高田雄吉
1988

十字

ホスピタリティ、安心感

HOSPICO OHNO

まごころサポート
介護用品通販

Nursing Products Shop

丸みのあるタイプデザインを
ハートのフォルムで包み、
人から人へのふれあいを表現した。
cl. リブドゥ
ad. 高田雄吉　d. 湊誠二
2005

ハート

ふれあい

フィットライフ「どうみょうじ倶楽部」　Fitness Club
フィットネスクラブ

行き届いた施設、健康管理のもと、女性が気軽に楽しく
フィットネスする姿をビジュアライズした。
FIT LIFEのネーミングはすべて直線の文字で構成され、
FとIが2つずつある。共通のエレメントが多いと、ロゴとして
まとまりやすい。ネーミングの構造を確認することが、
ロゴのアイデアの発掘には不可欠だ。
cl. フィットライフ「どうみょうじ倶楽部」
cd. 藤田隆
ad. 高田雄吉　d. 湊誠二
2008

エクササイズ

邦寿会　Social Welfare Corporation
社会福祉法人

頭文字の「ホ」をモチーフに、
安らぎと喜びを表現した。
cl. 邦寿会
cd. 藤田隆
ad. 高田雄吉　d. 湊誠二
2008

安らぎ、喜び　　カタカナ「ホ」

細川病院
病院

細川のHはHospitalのHでもある。
さらに、十字形にも寄り添うシンボルとした。
cl. 細川病院
ad. d. 高田雄吉
1987

Hospital

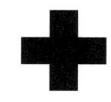

イニシャル H　　十字

Hosokawa Hospital

私たちが初めて医者にかかるとき、何をより
どころにするだろう。口コミの評判、交通広告、
電話帳広告、などだろう（現在ではホームページも）。
特に急ぎのときなどには電話帳に頼ることが想定
された。そこでロゴのクオリティが威力を発揮
する。ロゴのクオリティイコール医療のクオリティ
ではないが、高品質の医療を目指すと、その志向は
設備やインテリア、グラフィックにも及ぶ。
1980年代に地方でこれを実行したことは、
志の高さであろう。

貴和会歯科診療所
歯科診療所

Dental Clinic

歯を意味するdental と、のこぎり状の葉を意味するdentateとは
語源を同じくする。奇しくも日本語でも「は」と呼ぶ。
名称変更の可能性を考慮し、汎用性のあるシンボルとした。
cl. 貴和会歯科診療所
ad. d. 高田雄吉
1982

のこぎり状の葉

歯医者にかかるのが好きな人はまずいない
であろう。葉っぱのシンボルが、クリニックと患者
の間に対話を生み、不安を抱える患者の気持ちを
少しでも和らげてくれればと思う。
医院名が変更された後にも使っていただいている
のは、病院や医院ではロゴタイプスタイルでは
なく、シンボルマークスタイルが有効である
ことの証でもある。

文化 Culture

京都橘大学
大学

University

ブランドマークは橘をモチーフに「自立と共生」をデザイン。
橘の紋章を現代的にアレンジし、未来を見つめるブランドとした。
安定した形状の正円は自立を表し、背景と溶け合う橘の形は
共生を意味している。
古代紫のカラーは、本学が教育で築いた
100年の伝統と古都・京都をイメージしている。
cl. 京都橘学園
ad.d. 高田雄吉　d. 湊誠二
2004

橘の家紋

左右非対称
尾形光琳「紅葉流水図」より

前身は女子大で、そのときは勤めていた会社で、やはりブランドのデザインを担当した。当時は京都ブランドを前に出したいという意向があり、橘のモチーフも提案したが、KTのイニシャルをモチーフとした案が採用された。2005年、男女共学となり、新たなシンボルが要求され、橘のモチーフで提案した。日本の紋章（家紋）にも橘のモチーフは多数存在するが、紋章の世界はシンメトリーがほとんどである。時々アシンメトリー（左右非対称）の紋があっても、それらはほとんどが具象的なデザインになっている。琳派や浮世絵に見られるような大胆なトリミングの構図はない。そこに着眼し、紋章のエレメントを継承しながらも、左右非対称でかつ現代的な造形を試みた。

京都橘大学
KYOTO TACHIBANA UNIVERSITY

京都橘高等学校
KYOTO TACHIBANA HIGH SCHOOL

エントランスサイン
和欧シグネチュア

京都橘大学　一筆箋

徳島ヴォルティス

サッカーチーム

Football Team

万葉集にも詠まれる「眉山」と四国三郎「吉野川」の
美しい自然をベースモチーフとし、スピードとパワーの渦巻く
チームスピリットを表し、山のシルエットでVラインを描いている。
cl. 徳島ヴォルティス
ag. NIA
ad.d. 高田雄吉　d. 川野芳則
2005

眉山

吉野川

鳴門の渦

シュートの軌跡

ロゴタイプバージョン、モノクロバージョン

前身は大塚グループの社会人チーム
「大塚ヴォルティス」で筆者のデザインであった。
徳島県と徳島市が出資し、「徳島ヴォルティス」
としてJ2リーグに加盟するにあたって、
エンブレムを刷新することとなった。前回の
流れでオファーがあったが、徳島のデザイナーを
含めてのコンペになった。県外でただ一人の
デザイナーであったが、幸い採用された。
筆者は大阪生まれ大阪育ちだが、両親は淡路島
出身で、先祖を辿れば元は阿波の国である。

ということで現在もヴォルティスを応援している。
野球チーム同様、西洋の紋章の流れを汲む
エンブレムスタイルなので、使い勝手を考え、
モノクロバージョンとロゴタイプバージョンも
作成している。

町家スタジオ
イベントスタジオ

Event Studio

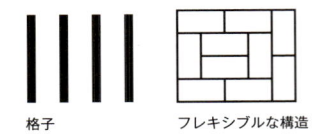

京の碁盤の目や、町家を構成する障子や格子の
エレメントである等差数列のグリッドをベースとした。
町家の柔軟で発展的な構造をビジュアライズ。
cl. 京都リサーチパーク
pr. 成海勉
ad.d. 高田雄吉
2010

格子

フレキシブルな構造

MACHIYA STUDIO
Kyoto Research Park

起業家を支援するための町家をセミナー会場やギャラリーとして使える施設で、京都リサーチパークのサテライト機関。
大阪は町屋、京都は町家と書く。
格子で構成しようとした、このロゴのアイデアでは、縦線横線がほぼ水平垂直の「屋」の字の方がつくりやすいのだが、「家」の要素である斜めの「はらい」をどう水平垂直のラインに沿わせ、同時に「家」と読ませるかが最大の難点であった。「町」の字の画数とのバランスもあり、少しの省略をして、濃度の均質化ができた結果、ロゴとしての強度が獲得できた。
ロゴを赤く反転して染め上げたのれんが、町家に美しくマッチしている。これは、京都リサーチパークに入居するデザイン事務所のデザインによるものだ。

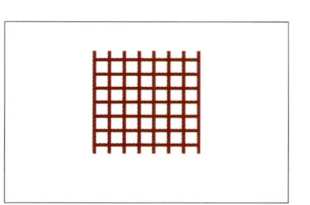

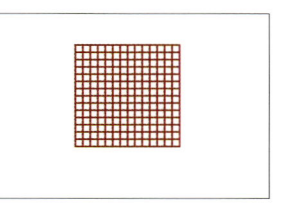

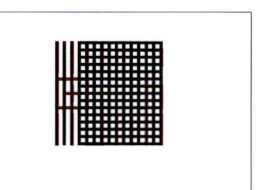

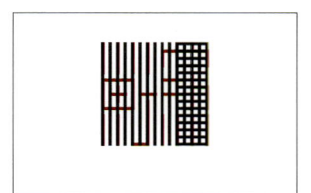

MACHIYA STUDIO
Kyoto Research Park

イメージムービー

椅子の日
記念日

Memorial Day

2009年から、4月14日を「良い椅子」と読み、認定記念日「椅子の日」となった。数字の椅子である。
cl. オフィスレット
cd. 高田昌彦
ad.d. 高田雄吉
2009

4.14
4月14日

椅子

CHAIR'S DAY
4.14・よいいす・椅子の日

多色のトーンを多用したロゴは、先に立体の発想があったからである。
オフィスレットの社長高田氏は親戚ではないが、筆者の個展用に立体の製作をお願いし、その後、オフィスレットの主催する椅子のコンペのシンボルとして毎年使われている。

オブジェ

シラベテ
情報サービス

書籍を撮影し、その内容に関連するデジタルコンテンツを
表示するソフトウェアとそのサービス。
書物の情報から世界を知ることができるイメージの
アイコンとした。
cl. NTTラーニングシステムズ
ag. 廣済堂
ad.d. 高田雄吉
2012

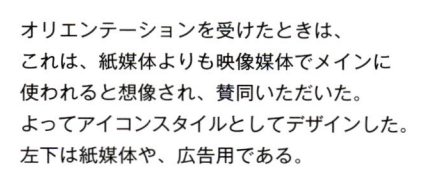

書物

地球

オリエンテーションを受けたときは、
これは、紙媒体よりも映像媒体でメインに
使われると想像され、賛同いただいた。
よってアイコンスタイルとしてデザインした。
左下は紙媒体や、広告用である。

大阪アジアンビート
文化事業

Cultural Project

大阪とアジアをつなぐアートイベント。
巴、太陽と月、アジアの図像の重奏で、
海を隔てた交流を未来へとつなぐ形とした。
渦巻く形は黄金律で成長していく。
cl. 大阪市ゆとりみどり振興局
cd. 菅谷富夫
ad.d. 高田雄吉 d. 湊誠二
2005

巴

太陽と月

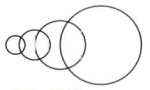

成長、発展

水の渦巻く形は、アジアの文様によく登場する
（巴紋、太極図、唐草等）。また、太陽と月もアジアの
自然信仰のモチーフとして重要な位置を占めてきた
（祭の比礼旗、火焔太鼓、インド細密画等）。
古典をベースにしながら古典にはない新しい
展開を模索してみた。シンボルの基本となる形は、
正多角形にしろハートにしろ十字にしろ古来から
使われていて、まったく新しい基本形というものは
簡単にできるものではない。古典から出発する
アイデアも有効だ。

市岡高等学校100周年
100周年

Centennial

市岡100はひとつひとつの文字が左右対称である。
これまでの輝かしい100年を鏡映し、
未来を目指してほしい思いを込めている。
cl. 大阪府立市岡高等学校
ad. d. 高田雄吉
2001

鏡像

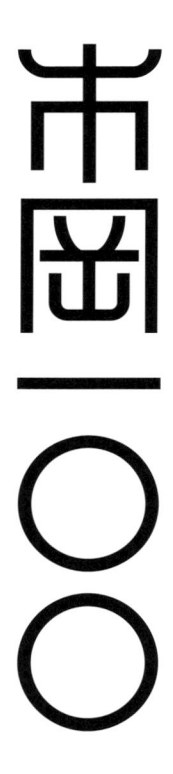

府立市岡高校は、大阪市港区にある進学校であり、
筆者の母校である。もっとも筆者はデザイナーを
目指していたので、高校ではあまり勉強していない。
本当はデザイナーを志望するなら高校でもっと
一般教養を勉強すべきだったのだ。だから、
今追いつこうとしている。
野球が強く甲子園にも何度か出場したことがあり、
鏡映シンメトリーは、文武両道に秀でた伝統の
表現でもある。

ギャラリーあじさい
ギャラリー

Gallery

あじさいの小さな花を幾何学で再構築。
ロゴタイプもパーツで再構成した。
cl. あじさい
ad. d. 高田雄吉
1995

あじさい

神戸三宮にあるファインアートのギャラリー。
純粋美術であるファインアート全般をイメージ
させる形を特定することは難しい。
ショップの場合、大規模店やチェーン店でない限り、
ロゴタイプスタイルが良いが、絵画を扱うので、
花の造形のエレメントをワンポイントで、
できる限りピュアな形に求めた。

平河町ミュージックス
コンサート

東京の平河町のインテリアショップで
春秋6回開催するミニコンサートである。
日本語の母音を音階にたとえ、メロディを
奏でることを試みた。
cl. 平河町ミュージックス
ad. d. 髙田雄吉
2010

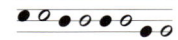

Concert

音階

「すべての芸術は音楽にあこがれる」という。
最も外的制約のないアートだからだろう。
ロゴもスタティックではなく自由で、流動するよう、
音楽に接近することを目指した。
しかし、そうすることがすでに制約であり、
デザインの宿命とも言える。

関西フィルハーモニーオーケストラ
オーケストラ

指揮棒の軌跡と管、弦、打楽器を配置した。クリアフォルダなど
グラフィカルなアイテムに使用する。
ロゴから音が出るようなデザインができないかと思いながら
創ったものである。
事務局は大阪の港区にあり、港区民として半ばボランティアで
デザイン協力している。
cl. 関西フィルハーモニーオーケストラ
ad.d. 高田雄吉
2012

指揮棒の軌跡

Orchestra

キッズバンド八幡屋
キッズバンド

筆者の娘が二人参加していた小学校のバンドである。
主にTシャツなどのユニフォームに活用するロゴだ。
初心の気持ちを出そうと、マウスでのフリーハンドに
チャレンジした。描いた線を修正してみたが、未修整の方が
味があり修正なしとした。これが初心というものだろうか。
筆者は45年前の初代メンバーである。
もっとも当時は鼓笛隊という名称だったが。
cl. キッズバンド八幡屋
ad.d. 高田雄吉
2010

弾ける元気 　リズム

Kids Band

SRの会
同好会

SRはSealed Room「密室」の略。1952年創立の歴史ある
ミステリクラブ。限られたエレメントのSとRで密室を創った。
旗が必要になり、当時の会長から駆け出しのデザイナーだった
筆者にロゴのデザインが任せられた。アイデアと精度は申し分ない
ものの構造の単純さが気になっていたが、少し後に入会された
有栖川有栖さんが、「旗を見て素敵な会だと感じた」と言っていた
ので安心している。
cl. SRの会
ad. d. 高田雄吉
1976

Club

イニシャルSR　　密室

アガサ・クリスティ ファンクラブ
ファンクラブ

高校時代、会報のデザインを申し出てロゴも創った。
クリスティのミステリは、家が舞台に展開されるストーリーが多い。
パズルのピースが終章に至って美しく結合することが、英国の
本格ミステリの醍醐味と言える。ロゴタイプを当初はクリスティの
原書でよく使われていた、Clarendonで組んでいたが、20年後に、
現在のOptimaで組み直した。クラシカルな骨格を持ちながらも
コンパクトに組むことができるからだ。
cl. アガサ・クリスティ ファンクラブ
ad. d. 高田雄吉
1970

Fan Club

家　　パズルのピース

160　Culture

毎日・DAS学生デザイン賞
デザイン賞

Design Awards

D(Designers)、A(Authorities)、S(Sponsors)が讃える
デザイナーの卵を表現した。
学生が世の中にデビューするかのように、DASの3文字が卵の殻を
破って現れる。卵形は、正円と楕円を半分ずつつないだだけでは
曲率の変化が急すぎて滑らかではないので、微妙な調整を施した。
cl. 総合デザイナー協会
ad.d. 高田雄吉
2005

卵　　イニシャル DAS

Mainichi DAS Gold Egg Prize

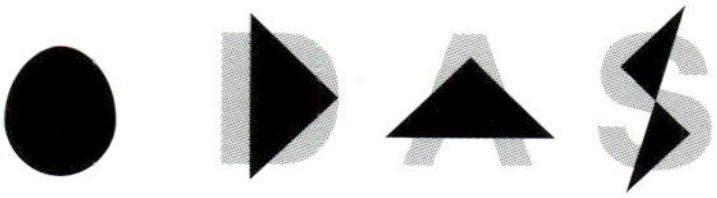

全日本カラオケ審査機構
カラオケ審査団体

Karaoke Examination Organization

音楽ソフト創造業、カラオケ産業界とカラオケ市民を
連携させた文化振興団体。
カラオケのサウンドと、歌う人の音が共鳴するイメージ。
aとoを中心に音波の波紋が拡がってゆく。
cl. 全日本カラオケ審査機構
ad.d. 高田雄吉
2012

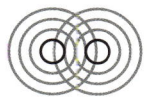

音波の共鳴

All Japan Karaoke
Examination Organization

好っきやねん建築
建築キャンペーン

Architecture Campaign

専門家ではなく、一般の建築ファンに響くよう、
システマティックな構造ながら、
親しみの持てる造形と構成で仕上げた。
cl. 日本建築家協会近畿支部
cd. 吉羽逸郎、一尾晋示
ad.d. 高田雄吉
2012

建築構造

ランダム

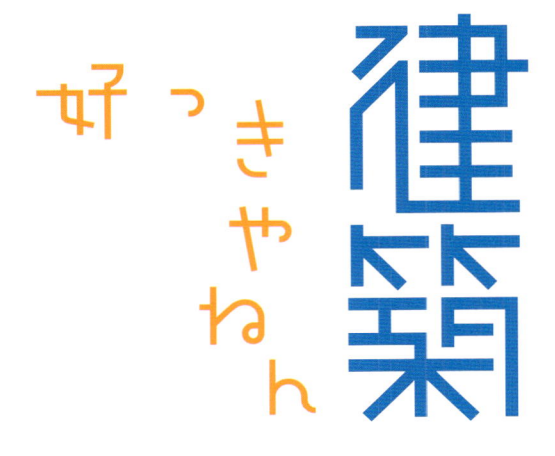

プロフェッショナル　　　　　　**Professional**

昭和設計
設計会社

未来へのヴィジョンを構築していく姿勢を、
成長してゆくSのイニシャルに封じ込めた。
cl. 昭和設計
ad. d. 高田雄吉
1989

Architects

S
イニシャルS

|||▪
成長

↗
未来へのビジョン

カラーについて。当初は建築設計という、
見せかけではない、設計思想までも含めた目に
見えない業務の表現として、彩度を極力抑えた
シックなカラーで展開していた。ところが、
工事現場サインでの発色性、再現性の難しさなど
問題があり、検討の結果、現在のカラーに落ち着いた。
作品集など、ツールによっては無彩色の表現も
臨機応変に使っている。

作品集

Seiju 国際知財事務所

知財事務所

Patent Firm

Sと樹木をモチーフに、知的財産を有機的に育てながら
提案してゆく姿勢を表現。
cl. Seiju 国際知財事務所
cd.cw. 堀内秀隆
ad. d. 高田雄吉
2010

S
イニシャル S

樹木

知財事務所のロゴは初めて手がけた。
本来、知的財産権である商標を扱う知財事務所の
ロゴなのでデザインにも気を遣うべきだろう。
その意味で誠実を理念に掲げる事務所としては、
デザイナーにロゴを発注することは当然とも
言えるが、正統の証と言えよう。もちろん
商標も登録された。

データビリティコンソーシアム　　Consortium
共同事業体

ヒューマンデータの活用によるイノベーション創出を
企業と共に考えていくプラットフォーム。人型とデータ、および
情報の集積を融合させる表現を試みた。
cl. データビリティコンソーシアム
ad.d. 高田雄吉
2020

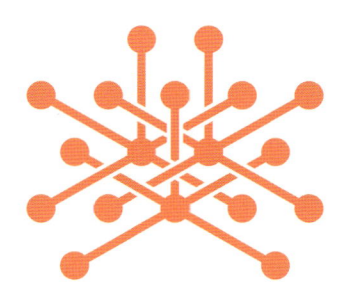

Human / データ / 統合

デジタル化が進む社会で、複雑かつビッグなデータを
扱うシステムや組織が多くなりつつある。
そういった関連のロゴ、主にシンボルは円やピクセル
あるいは線の集合になりがちだ。
本案では、人の形をしたデータの形を不可能立体の
ように組み合わせ、情報の集積を多次元的に
活用してゆく組織を表現した。
カラーはヒューマンデータを意味するローズピンクと
している。

プロファクトリー
プロデュース会社

Produce Company

プロジェクトの各フェーズにおいて、
オペレーションノウハウを投下融合し、
立体的にプロデュースする姿勢を表現した。
cl. プロファクトリー
ad. d. 高田雄吉
1999

PF
イニシャルPF

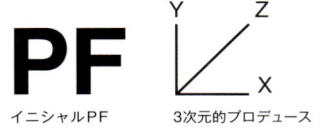

Y Z X
3次元的プロデュース

事業やイベントをプロデュースして成功させるには、
事、人、場、メディア、時間、などさまざまな
要件を立体的に解決していかなければならない。
そんな、3次元的なプロデュースの先に
見えてくる未来を、立体のロゴに託してみた。

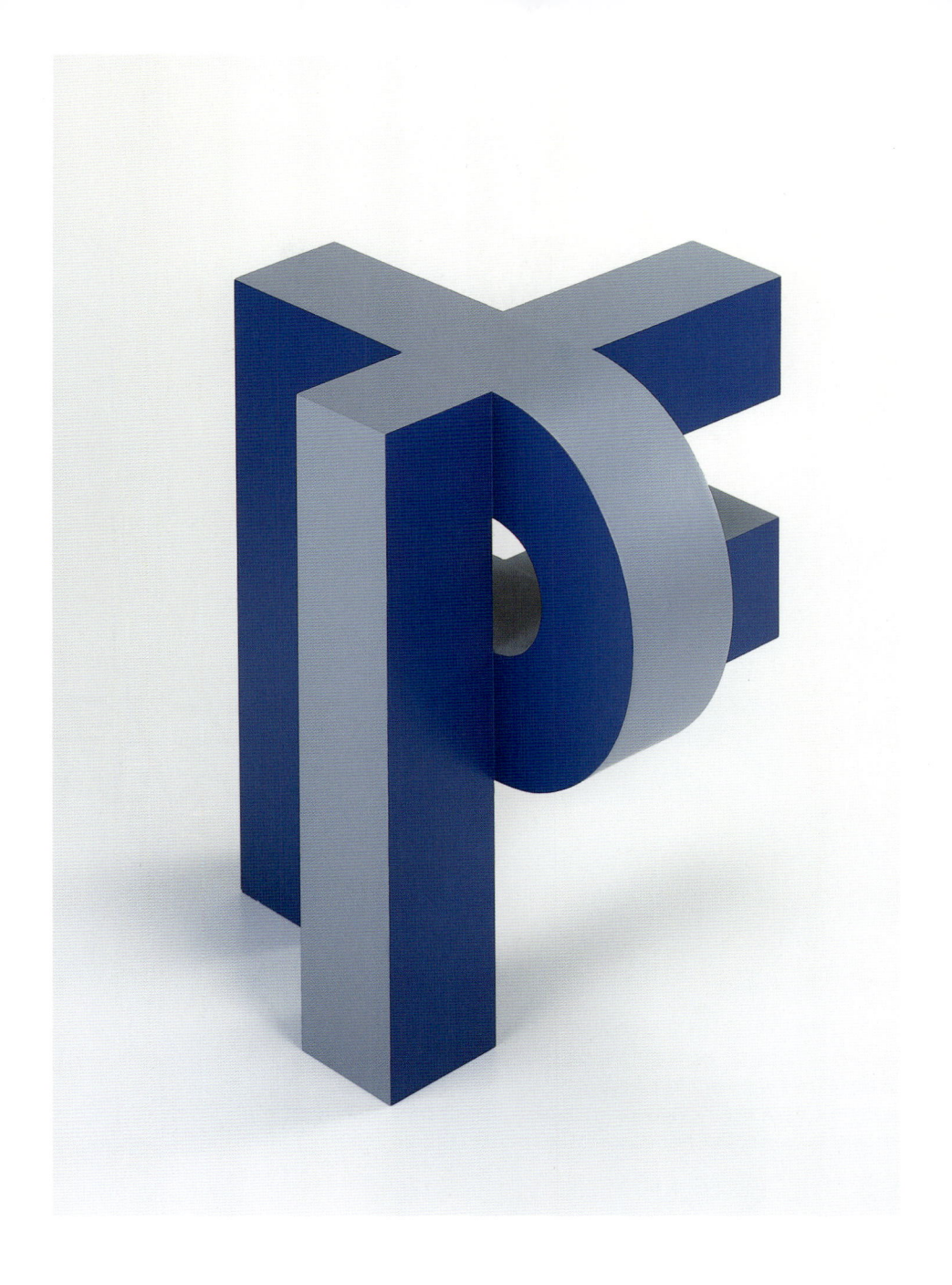

オブジェ

工房技研
インテリア施工会社

Interior Construction Company

空間をつくりあげるＸ軸Ｙ軸Ｚ軸の、あらゆる方向を模索し、
最適解を求めてゆく工房のあり方をビジュアライズした。
cl. 工房技研
ad. d. 高田雄吉
1996

空間

ＸＹＺ軸

インテリア施工は、単に与えられたスペースを
埋めるだけではなく、その場所にまつわる
近辺の環境や条件をふまえて考えながらつくり
あげてゆく業務と考え、ＸＹＺ軸という図面の
外にあるものに志向を拡げたシンボルとした。

KOBOGIKEN

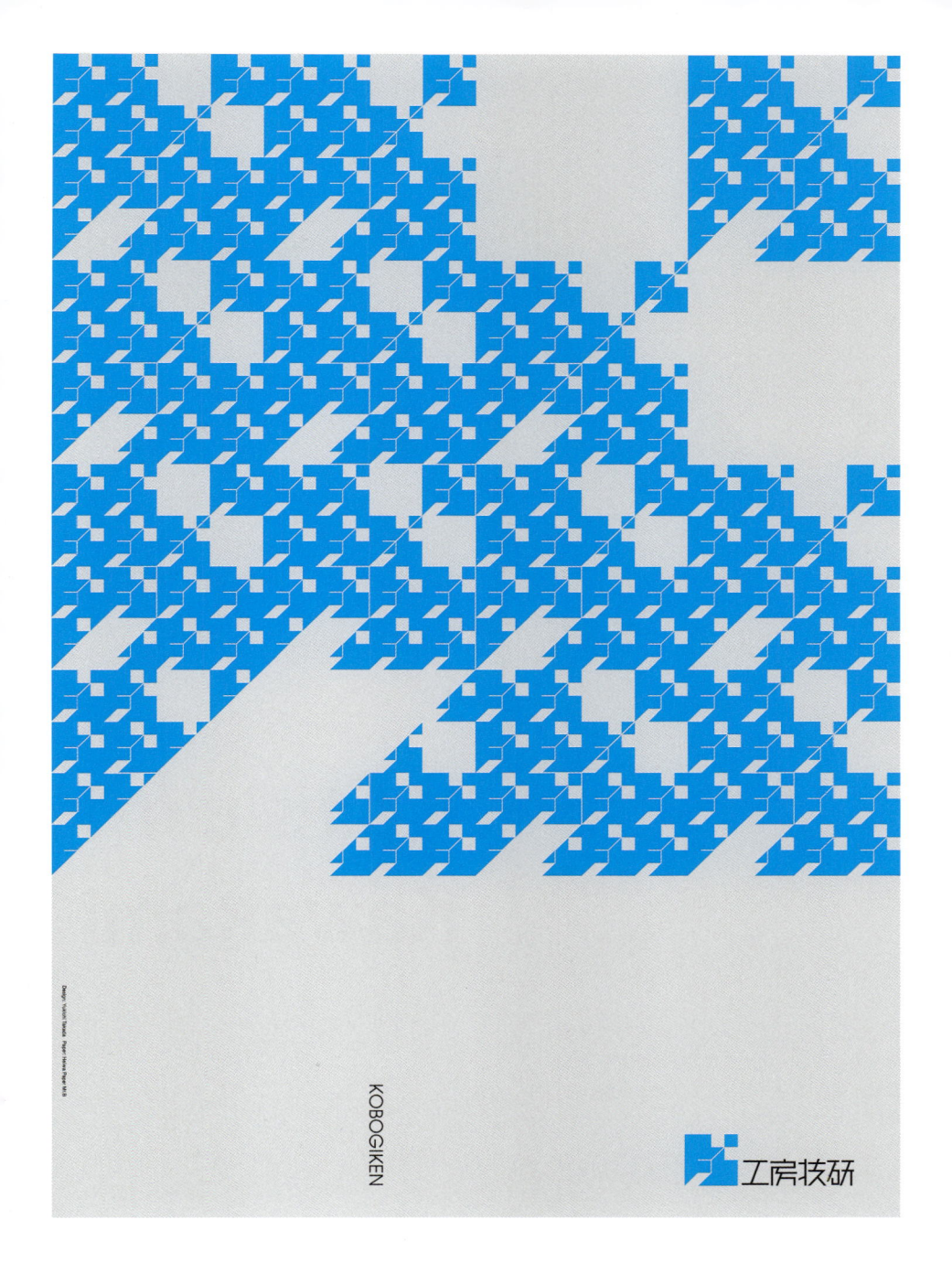

工房技研

イメージポスター

川上克己
ライフプランナー

未来を計画的に見つめてゆく先見性、見識の高さを
スカイブルーの三角定規と、白いスペースの
Kのイニシャルとで形づくっている。
cl. 川上克己
ad. d. 高田雄吉
2005

Life Planner

イニシャルK　　三角定規

未来視線

Katsumi Kawakami

川上氏はライフプランナー、すなわち保険の
外交員である。私たちが保険の契約をするに
あたって、よりどころとしては、所属している
保険会社への信頼感もさることながら、
ライフプランナー本人のパーソナリティに
よるところが大きい。その意味で、彼のパーソナル・
アイデンティティ開発へのチャレンジは自信と
信頼の証である。

シム式ガス圧接工法推進協議会　Construction Method Promotion Council
工法推進協議会

協議会は鉄筋コンクリート工事における、鉄筋ガス圧接継手工法の
新工法を推進する。
ロゴは継手のイメージと建築の堅牢なフォルムで表現した。

cl. シム式ガス圧接工法推進協議会
cd. 吉羽敏郎
ad.d. 高田雄吉
2019

継手　　　建築

建築物ヴァージョン

永くデザイナーを続けていると、思いもよらない
未知のテーマが飛び込んでくることがある。
コンクリートの継手など見たこともなかったが、
継手を接続する工法の表現を模索した。
アウトラインを理解した後、部分に分断された
文字を、見る人が繋いでいく方法を思いついた。
コンクリートの中の見えない縁の下の力を
想像してほしい。

織本構造設計

構造設計会社

Structural Engineers Company

イニシャルOSEをモチーフに、
綿密な構造設計の元に構築されてゆく
建築物のイメージを表現している。
cl. 織本構造設計
ad. 高田雄吉　d. 湊誠二
2006

OSE
イニシャル OSE

建築物

ORIMOTO
STRUCTURAL ENGINEERS

構造設計とは、これ以上ない最上級の信頼性が
求められる業種であろう。
イニシャルの3文字を立体の正面、側面、平面に、
ストライプとタイル、ソリッドで塗り分けて
敷き詰めることにした。揺るぎない緻密性のある、
文字の構造物になった。

和田総合会計事務所
会計事務所

"W"を貫く矢印は、企業の業績を上昇させる支援をしてゆく姿勢を、
また、シンメトリカルなシルエットは安定を表している。
cl. 和田総合会計事務所
ad. d. 高田雄吉
1986

Accounting Office

W ↗

イニシャルW　　上昇の矢印

Wに矢印を加えるには、ジャンプが必要であった。
欧文タイプフェイスには、型紙に穴を空けて
ペイントするためのステンシル書体があり、その
終筆が三角形になっていることに辿りついたことが、
解決につながった。

アイ・エフ・プランニング
アイ・エフ建築設計研究所
プランニング会社・設計事務所

Planning Office, Architects

IFはImage Factory。
デザインを計画から考えるスタンスで、実現可能なイメージを
無限大に拡げながら、目指すゴールに導いてゆく。
cl. アイ・エフ・プランニング、アイ・エフ建築設計研究所
ad. d. 高田雄吉
1991

イニシャルIF

増幅、発展

I.F.PLANNING INC.

I.F.ARCHITECTS INC.

CID LAB. INC.

独立する前に所属していたプランニング＆
デザイン会社。リニューアルするロゴは社内
コンペとなった。チーフである筆者も入社1年目の
若手も横一線でのスタートで、チーフとしては
勝って当たり前、負けては面目丸つぶれという
過酷なものであったが、幸い採用となった。
IFAはIFPの社長のお兄さんが主宰する設計事務所
である。
その後筆者自身が独立したときも、グループ会社
の一員で、社名はアルファベット3文字でCID*

（コーポレート・アイデンティティ・デザイン）研究所、
ロゴも共通の流れを汲むデザインとした。

＊CIDのロゴは、現在では自社開発のフォントで組んでいる。

Professional

ステーショナリー

エポカデザイン
プロダクトデザイン事務所

Product Design Office

ものづくりと空間づくりを通じて、
人間ともの、空間との本来のあり方を、
テーマに則した方法論で未来を思考する。
cl. エポカデザイン
ad. d. 高田雄吉
1996

デザインフォルム　　空間

赤土氏は、大阪芸大の同級生である。彼は
プロダクトデザイナーで喜多俊之氏の事務所に
10年チーフとして在籍、インテリアデザインも
手がけ、独立することになった。
エポカとは新時代。ディテールをおろそかにせず、
詰めてゆく姿勢を見ていて、ロゴはパーツを
積み上げ、組み替えてつくってゆく手法をとった。

ヒサコネイル
ネイルケア

hのイニシャルは爪のフォルムでもあり、
ハートのあるサービスを提供してゆく姿勢を表している。
原案は造形的に揺るぎなくするため、角が尖っていたのだが、
角が丸い方がケアしているように見えるということで、修正した。
縁がない人間が気がつかないところを指摘いただいた。
cl. ヒサコネイル
ad. d. 高田雄吉
1999

h
イニシャル h

まごころ

Nail Care

hisako

セルーラ ビューティサロン
エステティックサロン

血流を正常にし体温を上げることで元気な細胞がつくられ、
健康と美につながるセオリーで、予防美容を展開するビューティサロン。
なじみのない業種からの依頼では、わかる人の意見を聞きながら
アイデアを練る。赤血球のフォルムとCのイニシャルで動的な
シンボルとし、ロゴタイプはオールドローマンのGaramond Light
を字間を空けて使っている。表情のあるラインで、格調と繊細さを
アピールできる。ロジックを出さないというロジックだった。
cl. セルーラ ビューティサロン
ad. d. 高田雄吉
2012

C
イニシャルC

赤血球

躍動

Aesthetic Salon

Célula
Beauty Salon

雪本清浩
パーソナル・アイデンティティ

Personal Identity

雪本氏は、大阪府岸和田市議である。名字にすでに
モチーフがあり、そこからがスタート地点だった。
現在から未来を見つめるヴィジョンを持つ政治家のイメージで、
成長する雪の結晶のロゴは、個人と集団の未来を暗示している。
政治活動には、広告戦略に規制が多く、
PI（Personal Identity）の導入は有効だ。
cl. 雪本清浩
ad. d. 髙田雄吉
2001

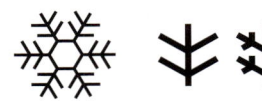

雪の結晶　　フラクタル

ロゴデザインの基礎知識　　**Basics of Logo Design**

ロゴデザインは誰にでもできるカテゴリーで
あると前述したが、ロゴデザインの発想を
するためにはある程度の知識や素養も必要だ。
ロゴデザイナーを目指す人には以下の予備知識や
考え方は必須のアイデアのソースとなるだろう。

1.01　古代文字　　　　　　　　　　　　　1.02　文字を書く道具

ヒエログリフ（解読例：クレオパトラ、アレクサンダー）

楔形文字　　　　　　　　　　　　　　　　甲骨文字（殷代BC1300年頃）

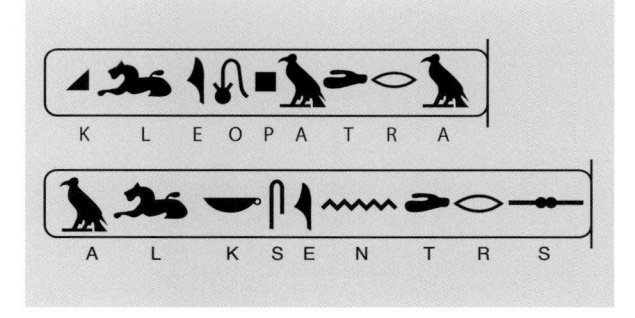

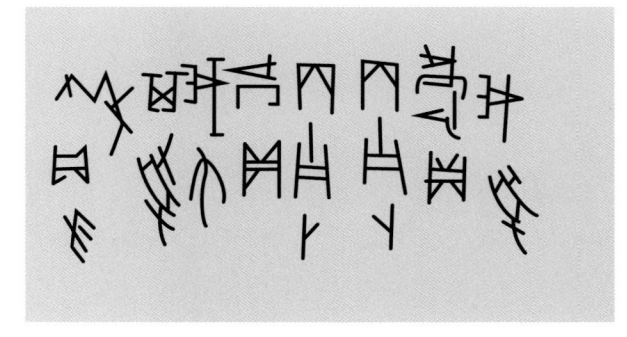

文字の歴史は約5000年。楔形文字を起源として、象形文字であるヒエログリフ、漢字、ラテンアルファベットのさまざまな形は、言葉を媒介するロゴとどこかでつながっている。ロゴデザイナーはこれらの文字をいつでもひもとける用意がいるだろう。

文字の歴史は、サーフェイス（しるされる素材）では、粘土や石や金属、皮革や木や竹や布、紙、モニタなど。筆記用具として石器や動物の骨、葦、羽根ペン、鉄筆、筆、鉛筆、チョークなど、サーフェイスと筆記具で文字の形態も変わる。

1.03 文字のエレメント

欧文のエレメント：Garamond Book

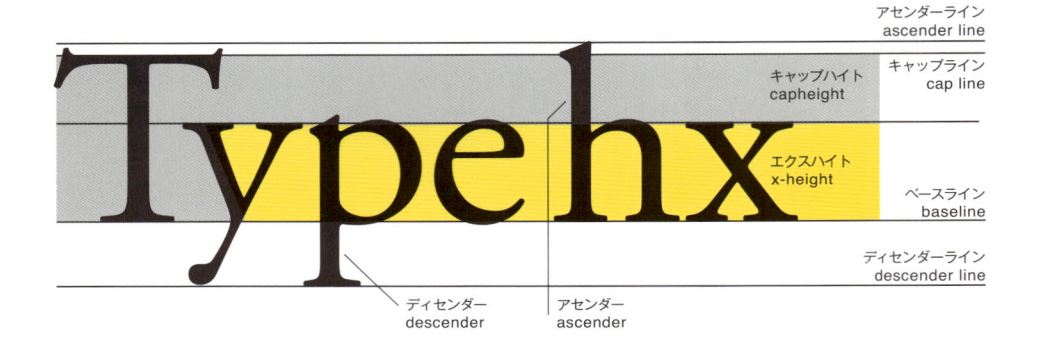

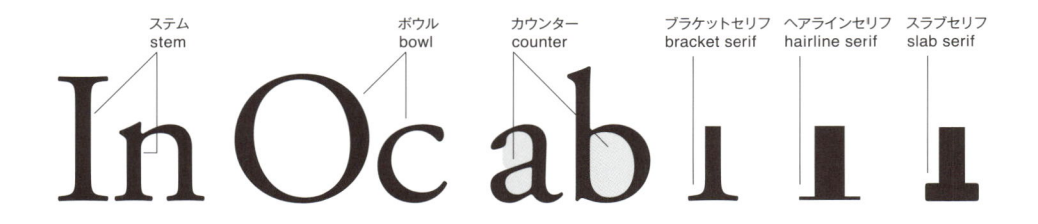

アセンダーライン	ascender line
キャップハイト	capheight
キャップライン	cap line
エクスハイト	x-height
ベースライン	baseline
ディセンダーライン	descender line
ディセンダー	descender
アセンダー	ascender
ステム	stem
ボウル	bowl
カウンター	counter
ブラケットセリフ	bracket serif
ヘアラインセリフ	hairline serif
スラブセリフ	slab serif

欧文は、ベースラインを基準としたラインシステムでデザインされている。AやVなど尖った部分やOなどのボウルの部分はラインからややはみ出してつくる。
サンセリフ書体（ゴシック体＊ではない）ではアセンダーラインとキャップラインが一致するものもある。
カウンターは和文書体で言うところのフトコロに相当する。

＊和文書体の「ゴシック」という呼び名は、本来ドイツで使われたBlack Letterなどの装飾書体を指す（右Gaudy Text）。欧文でセリフのない書体のことはサンセリフと呼ぶ。

Gaudy Text

漢字のエレメント：リュウミン B　　　　　　　ひらがなのエレメント：タイポス 512

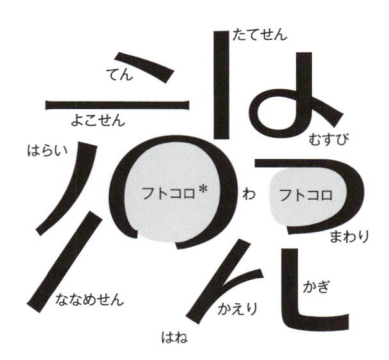

（永の図：仮想ボディ、字面）

（永のエレメント：あたま、たてせん、かどうろこ、てん、うろこ、かぎ、はね、よこせん、あたま、左はらい、たてせん、たすき、はね、上はらい、はね、右はらい）

（はつのエレメント：たてせん、てん、よこせん、むすび、はらい、フトコロ＊、わ、フトコロ、まわり、ななめせん、かえり、はね、かぎ）

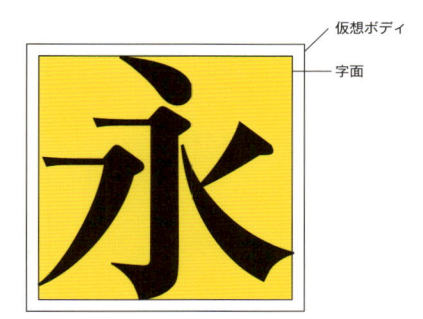

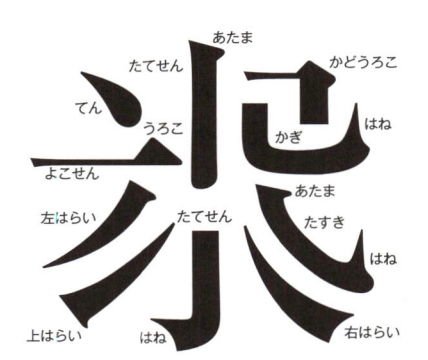

和文書体の文字は、正方形の仮想ボディと言う
枠の中に設計される。文字の実際のサイズを字面
（じづら）と言い、やや小さめの枠で描く。字面の
大きさは書体によって違う。
漢字もエレメントに分解すると10数種になる。
ゴシック体では、「うろこ」はなく、「かどうろこ」は
「かど」と呼ぶ。
ベーシックなロゴタイプではこれらのエレメントを
きっちりデザインすることが基本となる。

＊フトコロ：囲まれた線の内側の空間。漢字も同様。

1.04　タイプフェイスの分類

A	TRAJAN	**トラジャン** のみで石に削ったトラヤヌス帝の碑文が原型。セリフの先端が鋭い。下書きは平筆で描かれたとされる。当時は小文字がなかった。
Aa	Adobe Garamond	**アドビ・ガラモンド** 平ペンで書かれていた名残が見られるオールドローマン。
Aa	Copper Plate Gothic	**カッパープレートゴシック** 銅版印刷の際、先端をしっかり見せるための打ち込みが見られる。
Aa	Freestyle Script	**フリースタイル・スクリプト** フェルトペンで描いたタッチ。
Aa	Bodoni	**ボドニ** 活版印刷やオフセット印刷が印刷の主流になると、書体も鉛筆などのスケッチから設計された。
Aa	Helvetica	**ヘルベチカ** サンセリフ書体のスタンダード。ゴシック体というと、ブラックレターを指す。
Aa	Avant Garde Gothic	**アヴァンギャルド・ゴシック** 直線と正円を基本に設計されており、幾何学的なシンボルとフィットする。ハーブ・ルバーリン作。
Aa	Optima	**オプティマ** セリフ書体とサンセリフ書体の中間的書体。ヘルマン・ツァップ作。
Aa	Frutiger	**フルティガー** エアポートにおけるヘルベチカに代わる書体。aやsのカーブが緩やかで視認性がよい。アドリアン・フルティガー作。
Aa	Vialog	**ヴィアローグ** ドイツの地下鉄に使用され、小文字のiやlなどに横ラインがあり判別性を高めている。

あァ	新ゴM	**新ゴ** 線の太さに抑揚が少ない現代的なゴシック体。シンボルマークにシグネチュアとしてセットする地名などに使われる。
あァ	ゴシックMB101M	**GothicMB101** Rは本書の本文。シャープな骨格ながら小サイズでも読みやすい。サンプルは従属欧文。*
あァ	リュウミンB	**リュウミン** ブランドデザインのみならず、くせの少ない標準的で読みやすい書体。オールドかななどバリエーションもある。
あァ	本明朝B	**本明朝** ブランドデザインではシグネチュアにセットされる、コーポレートステートメントなどに使われ、フトコロが大きく視認性が高い。
あァ	新正楷書CBSK1	**新正楷書** 毛筆のタッチを残した書体。くずし型が強い草書、行書、楷書の順に歴史が古い。
あァ	タイポス512	**タイポス** グループタイポ*によって開発された。明朝体とゴシック体の中間をねらいながら現代的表情を持っている。縦線と横線に強弱のないバージョンもある。

ロゴの半分は図像や図形、半分は文字や記号である。
文字は既存のタイプフェイス(フォント)を
お手本にするのであるから、世の中の主要な
タイプフェイスに通暁しておく必要がある。
読めることが目的なら、既存のタイプフェイスに
どこか似てくるのは仕方がないこと。
ただ、模倣にならないように知っておくべきである。

*従属欧文：その和文フォント専用に開発された欧文で、同じサイズで和文を組んだときに揃うようベースラインの位置が低い。
*グループタイポ：伊藤勝一、桑山弥三郎、長田克巳、林隆男の4名。1962年に新書体「タイポス」を開発した。
*本書の本文はGothicMB101Rの90%に対してHelveticaRを100%としている。

1.05　ファミリーとバリエーション

Frutigerのファミリー
Vialogのファミリー（OsとSC）

Frutiger Light	Light Condensed	*Light Italic*
Frutiger Roman	Condensed	*Italic*
Frutiger Bold	**Bold Condensed**	***Bold Italic***
Frutiger Black	**Black Condensed**	***Bold Italic***
	Extra Black Condensed	
Frutiger Ultra Black		

Vialog Regular 1234　　Vialog Regular

Vialog Regular 1234　　Vialog Regular Os
　　　　　　　　　　　　オールドスタイル

Vialog Regular 1234　　Vialog Regular SC
　　　　　　　　　　　　スモールキャップ

ab　*ab*
Roman*　Oblique

ab　*ab*
Roman　Italic

ベーシックな欧文にはファミリーとして、ウェイト（太さ）のバリエーションが数種類ある。また、強調したい語句や外来語に使うイタリックがあり、字体も違う。オブリーク（Oblique）は工学的に変形したものでひずみがでる。タイトルや略字などに使われるスモールキャップのバージョンを持つ書体もある。また、オールドスタイルバージョンでは数字にアセンダーとディセンダーのあるライニング数字になる。

＊RegularをRomanと呼ぶフォントもあり、イタリックに対して正体をRomanと呼ぶ。

リュウミンのファミリー

父は今でも大阪に住んでいる　リュウミン L
父は今でも大阪に住んでいる　リュウミン R
父は今でも大阪に住んでいる　リュウミン M
父は今でも大阪に住んでいる　リュウミン B
父は今でも大阪に住んでいる　リュウミン EB
父は今でも大阪に住んでいる　リュウミン H
父は今でも大阪に住んでいる　リュウミン EH
父は今でも大阪に住んでいる　リュウミン U

標準大がな　リュウミン R-KL
小がな　リュウミン R-KS
オールドがな　リュウミン R-KO

日本語のかなの比率は約70から75%。かなのデザインでタイポグラフィの表情はずいぶん変わる。本文用書体では、かなだけのバリエーションを持つ書体も多い。クラシックなイメージの「オールドがな」や、もともと漢字より小さく設計されているかなを、さらにサイズを小ぶりにした「小がな」もある。これらは本文組では読みやすいが、タイトルや見出しなどではアキが大きくなり、スペーシングに気を遣わなければいけない。

1.06 家紋と紋章

日本の家紋

丸に三ツ葵、花菱、橘
上り藤、丸に千鳥、角立稲妻

日本の家紋

矢の紋のバリエーション（一本矢、入違二本矢、隅切角に違矢
六本矢車、四矢菱、折矢筈）

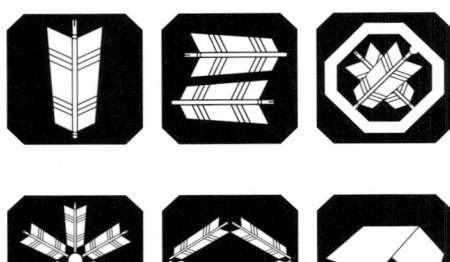

日本の家紋は世界一である。なぜか。
まず西洋の紋章との比較。西洋も日本も、争いで敵味方を見分けるために使用されてきた歴史がある。ただし日本の家紋の発端は平安時代、歌会などで牛車が詰めかけ、自分の家の牛を見分けるために使われたとされる。
西洋の紋章は個人に付き、日本の家紋は家に付く。西洋では、親子兄弟でも皆違う。最初は単純なストライプや星や動物だったのが、代が新しくなるごとにどんどん要素を加えていき、複雑化していった。たとえば、王室御用達の紅茶の缶などでよく見かける王室の紋章では、エリザベス2世女王とキャサリン妃は別の紋章である。遠目で見て違いがわかるだろうか。複雑化しすぎて識別性がなくなったのである。もちろん、西洋の紋章も歴史の中で複雑にはなっているが、洗練もされてきた。学ぶべきところも多い。しかし、日本の家紋は家に付き代々本家の紋は同じで、分家されると変化（要素が足されたのではなく、形態の変化）させられ、シンプリシティは守られて

西洋の紋章

ドイツ連邦共和国国章、中世フランス国王、スペイン国章（国旗に登場）
イングランド王室、オックスフォード大学、アメリカ合衆国大統領

英国国章およびエリザベス2世
キャサリン妃

きたので、識別性は高い。17～19世紀、西洋の
紋章は複雑化してゆき、一方、江戸時代、鎖国して
いた日本では平和の中で独自の文化が花開いた。
琳派、浮世絵、それに家紋であった。また、西洋の
紋章は王侯貴族しか持てなかったのに対して、
日本の家紋は平民でも持てた。これは世界の歴史
の中で日本だけである。そのこともあり、紋章の
モチーフに、西洋が戦や威嚇の道具として強い動物
を多く用いるのに対して、日本では植物が多い。
使う人の数、動植物の種の多さの違いからも

わかるように、家紋のバラエティは圧倒的に多い。
ロゴのモチーフを思いついたら、まず家紋に
あるかどうかチェックしてみよう。

1.07 日本語の歴史

ひらがなとカタカナの成り立ち

ひらがな	カタカナ
もとの漢字	モトノ漢字

あ 安	ア 阿	い 似	イ 伊	う 宇	ウ 宇	え 衣	エ 江	お 於	オ 於
か 加	カ 加	き 幾	キ 幾	く 久	ク 久	け 計	ケ 介	こ 己	コ 己
さ 左	サ 散	し 之	シ 之	す 寸	ス 須	せ 世	セ 世	そ 曽	ソ 曽
た 太	タ 多	ち 知	チ 千	つ 川	ツ 川	て 天	テ 天	と 止	ト 止
な 奈	ナ 奈	に 仁	ニ 仁	ぬ 奴	ヌ 奴	ね 禰	ネ 禰	の 乃	ノ 乃

たとえば、カタカナは漢字の一部分である偏や旁を抜き出して簡略化した文字。
ひらがなは、漢字の始筆から終筆までを速く書くために省略した文字である。創られた時代背景と目的が違うので、文字の骨格も違う。
3種の文字体系を混合して使っているのは世界でも日本語だけと言われる。それゆえに、漢字仮名交じりのロゴは注意が必要。
ひらがなを省略する場合は、「あ」であれば元が「安」であることを意識して創ると読みやすい。

カタカナの由来では、以下のような諸説もある。
「キ」はひらがなの「き」より、「ヘ」は「辺」より、
「マ」は「末」より、「ユ」は「弓」より、
「ワ」は「〇」より、「ヱ」は「慧」より、など。

は	ハ	ひ	ヒ	ふ	フ	へ	ヘ	ほ	ホ
波	八	比	比	不	不	部	部	保	保
ま	マ	み	ミ	む	ム	め	メ	も	モ
末	万	美	三	武	牟	女	女	毛	毛
や	ヤ	ゆ	ユ	よ	ヨ				
也	也	由	由	与	與				
ら	ラ	り	リ	る	ル	れ	レ	ろ	ロ
良	良	利	利	留	流	礼	礼	呂	呂
わ	ワ	ゐ	ヰ	ゑ	ヱ	を	ヲ	ん	ン
和	和	為	井	恵	恵	遠	乎	无	无

北浜ベジカリー

ゆう&あい

漢字仮名交じりのロゴの例
元となる漢字を意識して省略したロゴの例

1.08　欧文のルール

ローマン体のストロークのルール

Adobe Garamond Semibold
MNSWXYZ

Adobe Garamond Semibold Italic
MNSWXYZ

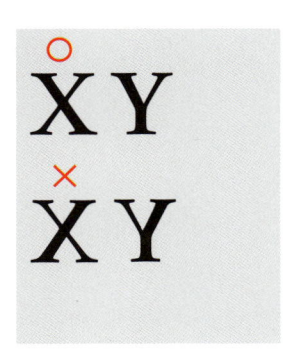

○ X Y
× X Y

表記のルール

○ 7pm
× PM 7:00

○ *Lunch*
× *LUNCH*

○ Member's
× Member's

ローマン体（特にオールドローマン）には、平ペンや平筆で書いたスタイルの名残があり、セリフを持ち文字の骨格と関係している。筆の角度が一定しているので、線の太い細いが角度と連動する。
また、表記のルールでは、日本でよく間違っている例がある。たとえば、7:00am, 11:00pm（または7:00AM, 11:00PM）はAM7:00, PM11:00ではない。
スクリプト書体はオールキャップ（すべて大文字）にしてはいけない。

プライムマークはタイプライターの時代に、キーの数を節約したためにできた記号で、アポストロフィの代わりにはならない。インターナショナルに通用させるにはこのような欧文のルールを知っておくべきだろう。

1.09　シンメトリーと自然の形

鏡映対称性
回転対称性

並進対称性
滑り鏡映対称性

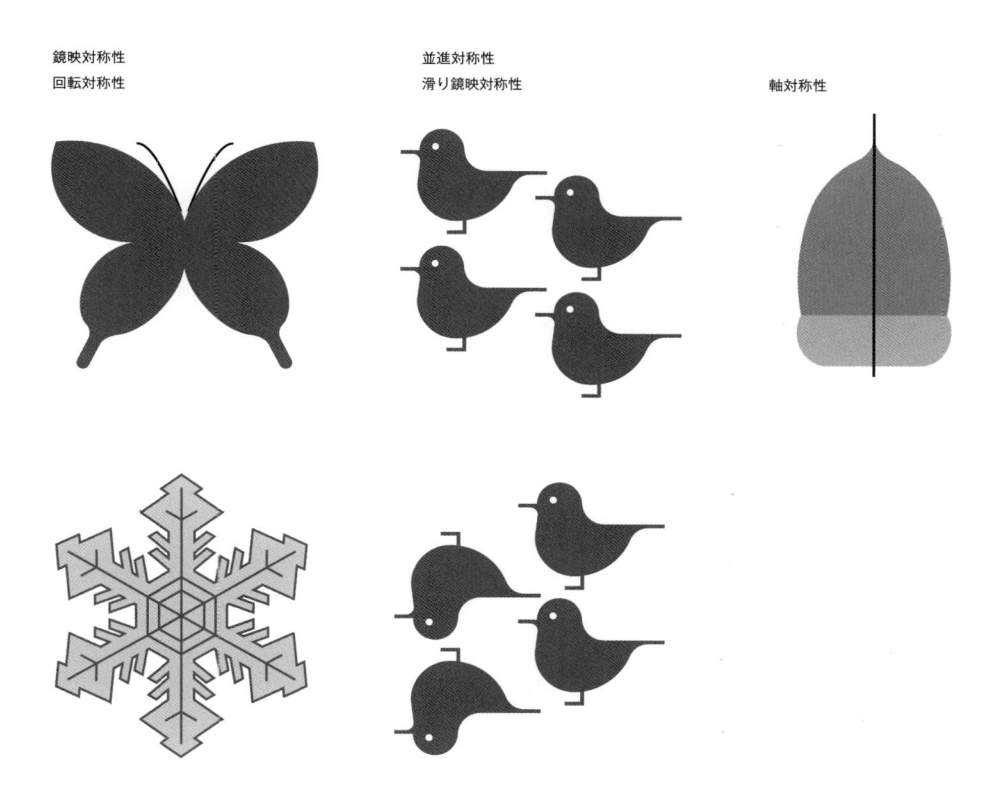

軸対称性

シンボリックな形は、自然界の中にある
シンメトリカルな造形を模倣してきた。自然は、安定
して合理的な形に拡散または収束していくことから、
平面では正円が最も安定した形態で、立体では
もちろん球であり、究極のシンメトリーといえる。
円、楕円、多角形など、幾何形体は、さまざまな
意味を持たせることができるロゴの基本となる。
鏡映対称性は、ある形を鏡に映して反転させて左右
が同じ形となる性質。動物の身体は大半が鏡映
対称にできている。左右対称性、線対称性とも呼ぶ。

回転対称性は、中心から1/n回、回転させて元の形と
一致する性質。雪の結晶やアルファベットのSなど。
並進対称性は、ある形を一定方向に一定の距離だけ
ずらしたとき、元の形と一致する性質。屋根瓦や
青海波模様、結晶構造など。滑り鏡映対称性は、
ある形を鏡映反転し、かつ一定方向に一定の距離
だけずらしたとき、元の形と一致する性質。文様に
多く見られる。軸対称性は、ある立体をひとつの軸
の回りに任意の角度で回転させたとき元の形と一致
する性質。どんぐりやろくろを回してつくる器など。

1.10 幾何学的図形

正円、正三角形、正方形
楕円、二等辺三角形、長方形
正五角形、正六角形
正七角形、正八角形

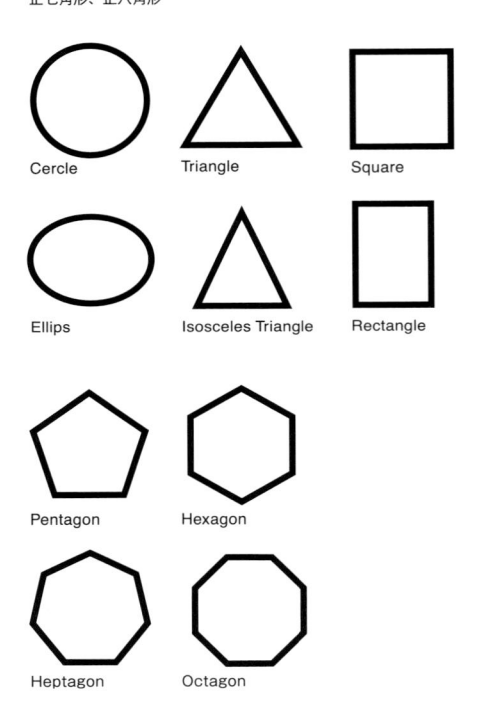

星形正多角形(スター)、五芒星
六芒星

Cercle　Triangle　Square　Five Pointed Star　Pentagram

Ellips　Isosceles Triangle　Rectangle　Hexagram

Pentagon　Hexagon

Heptagon　Octagon

円は、最もシンメトリカルでロゴの形として汎用性に優れている。日本の紋章は正円に収まる形を基本としている。ただし、円のフレームのロゴは、過去に前例が多く新規性が求められる。
正方形は円に次いで対称性がありロゴとしてバッジなど汎用性に優れている。円同様過去に前例が多い。不定形のロゴでも他の要素との独立性を図るため矩形のフレームを設定する。
三角形は、動かし難い強固な形。フレームに使うには必然性が必要。五角形の一辺と対角線の比は黄金比である。六角形は蜂の巣、雪の結晶、化学式等を連想させる。平面充填可能で頑丈な構造(ハニカム構造)として工業的に用いられる。英国の20ペンスと50ペンスは正七角形。正八角形は方位を連想させ、STOPの道路標識でもある。九角形以上はイメージ力が弱く顕著な例もない。星形は多くの国旗に使用されている。五芒星は魔術の記号として世界中で守護に使われ、天地逆転すれば悪魔の象徴として使われる。安倍晴明の五行の象徴(晴明紋)としても用いられた。
六芒星(ダビデの星)はユダヤ教またはユダヤ民族を象徴し、イスラエルの国旗に用いられ、使用には注意が必要。日本では籠目紋として存在し、魔除けとされている。

十字

ギリシャ十字、ラテン十字、ノルディック(スカンディナヴィア)・クロス
太陽十字、ケルト(アイルランド)十字、赤十字
ロレーヌ十字、聖アンデレ十字
左まんじ(スワスティカ)、右まんじ(ハーケンクロイツ)

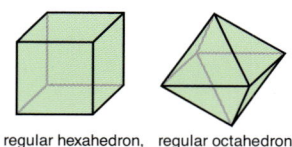

Greek Cross
Christian Cross 
Nordic (Scandinavian)Cross 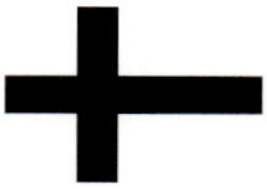
Sun Cross 
Celtic(Irish) Cross 
Red Cross 
Cross of Lorraine 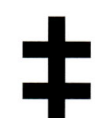
Saint Andrew's Cross 
Swastika 
Hakenkreuz 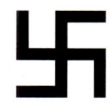

正多面体

正四面体　　正六面体（立方体）　　正八面体
正十二面体　　正二十面体

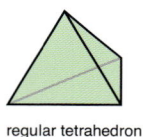

regular tetrahedron {3,3}
regular hexahedron, (cube) {4,3}
regular octahedron {3,4} 
regular dodecahedron {5,3} 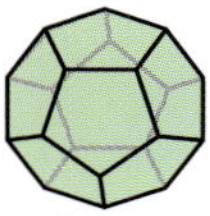
regular icosahedron {3,5} 

十字は南十字星など世界中で多用されている。赤十字は正方形を9分割したプロポーションを持ち、スイスの国旗にも使われている。赤十字の使用には許可が必要。ラテン十字はキリスト教で最もよく用いられる。ノルディック・クロスは北欧の国旗に見られる。太陽十字はケルト十字の原型。日本では丸に十字紋と呼び、島津家が用いた。ロレーヌ十字はフランス東部のロレーヌの紋章に用いられ、ジャンヌ・ダルクの象徴とされていた。
聖アンデレ十字は、スコットランドでは守護聖人セント・アンドリューに因み、国旗にもなっている。なお、十字には前述以外にもさまざまある。
左まんじ、右まんじとも古代、インド、中国、西洋でも幸運のシンボルとして用いられた。日本では寺院の地図記号でもあり、左右とも家紋のまんじ紋として存在する。ハーケンクロイツ（右まんじ）はナチス・ドイツのシンボルであり、欧米では右左にかかわらず使用は要注意。国旗をデザインに使用するのも基本的に許可がいる。
正多面体は上記の5種類しかない。プラトンの立体とも言う。正多面体の構成面を正p角形、頂点に集まる面の数をqとして {p,q} と表す。

1.11 比率の問題

等差数列　　　　　　　等比数列　　　　　　　フィボナッチ数列

等差数列（1:2:3:4）は、隣り合う2項の差が同じ。
畳や障子など日本の家屋に多く見られる。
等比数列（1:2:4:8）は、隣り合う2項の比が同じ。
フィボナッチ数列（1:1:2:3:5:8）は、隣り合う
2項の和が次の数となる。
対象の性格によってこれらの比率を自在に
採択したり、時にはすべてを捨て去ることもまた
デザインと言える。
フィボナッチ数列は、大きくなるにしたがって
1:1.618の黄金比に近づいてゆく。これは

自然界の比率に多く現れ、自然の景観や生物の
見た目の心地よさの元になっていると考えられて
いる。

黄金比
白銀比

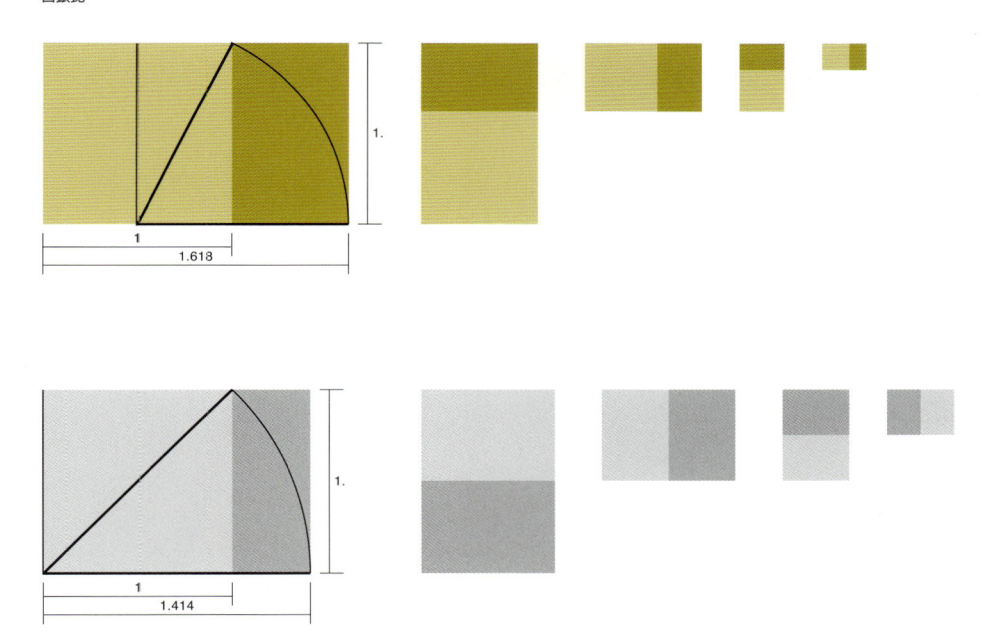

黄金比は、1:1の正方形の底辺1/2の点から0.5×1の長方形の対角線を延ばしたときの長さで得られる。比率は約1:1.618。パルテノン神殿やピラミッドといった建造物や美術品など西洋の芸術に多くみいだせるとされる。名刺やカード類の縦横の比率にも使われ、最も美しい比率と言われてきた。黄金長方形から正方形を切り取った残りの長方形も黄金長方形となる。
白銀比は、1:1の正方形からその対角線を延ばしたときの長さで得られる。1:√2(1.41)の比率の長方形である。紙のサイズ、国際規格のA判やJIS規格のB判の比率がこれにあたり、半分に切っても同じ比率の白銀長方形、すなわちA3の半裁はA4となり、紙の規格として都合が良い。

1.12 錯視

ネッカーの錯視
ヘリング錯視
ポッゲンドルフの錯視

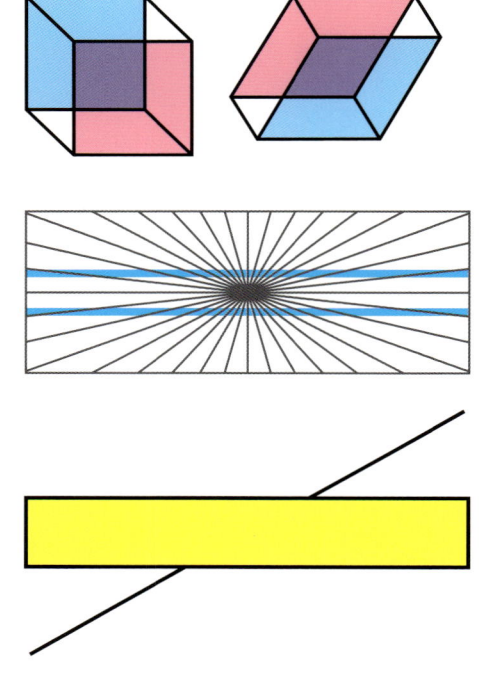

ミューラー・リヤー錯視
ポンゾー錯視

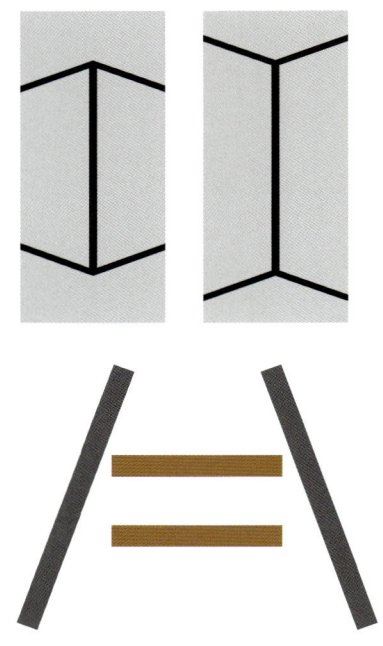

人間の眼は、ある形が変形したり消えたり、あるいはそこにない形が見えたりする特性を持っている。これは、自然の脅威や外敵から身を守るため、平面の情報を立体に置き換えたり、類似の形の分類を、素早く行う必要から身につけたものと言われる。その錯視を修正することも、逆に利用するのもまたデザインと言える。以下に基本的な錯視の例を紹介する。
ネッカーの錯視では、水色の面が前に出たり逆にピンクの面が前に出たりする。ネッカーの立方体とも呼ばれる。ヘリング錯視では、青い水平線の中央がふくらんで見える。ポッゲンドルフの錯視では、黄色の長方形をまたぐ線がずれて見える。ミューラー・リヤー錯視では、右の縦軸が長く見える。直角に作られたショウウィンドウを外からと内から眺めた関係に似ている。ポンゾー錯視では、上の水平線の方が長く見える。グレイの線路と茶色の枕木を眺めたような関係で、線路の錯視としても知られる。遠近法に慣れた眼が、遠くにある枕木を無意識に拡大してしまう。

1.13 図と地の問題

ルビンの壺

ウサギとカモ
こぐまとエイリアン

ロゴは通常、鉛筆でスケッチすることから始める。鉛筆の芯は線（角度を傾斜させることで面も）を表現するのに精密性かつ自在性に優れ、人間の脳と直結しやすいので、頭で考えたアイデアをほぼそのまま形にできる。ボールペンやシャープペンシルは少し不自由である。コンピュータ上で直接描くのは、コンピュータソフトのツールを使ったデザインしかできないので、最も良くない。コンピュータは手で描けないさまざまなことができるよう進化してきたが、まだまだ人間の脳の想像力には及ばない。
通常は黒で形を描いていくが、ロゴデザイナーは、黒い図の部分を画きながら、白い地の部分をデザインしていることを意識している。ロゴは白黒反転して使うこともあり、地の形も機能的で美しくなければならない。

また、デザインスケッチの段階でいろんな人 ── できればデザイン関係者以外に先入観のない眼で見てもらうことは、思わぬ見え方をチェックしてもらえるとともに、新たな発見にもつながる可能性がある。
図は多義図形と呼ばれ、「ルビンの壺」では図と地により、「ウサギとカモ」では回転により、「こぐまとエイリアン」では大小による図形の反転が見られる。

1.14 ピクトグラム

国際ピクトグラム/USDOTアメリカ運輸省
JIS案内用図記号
矢印

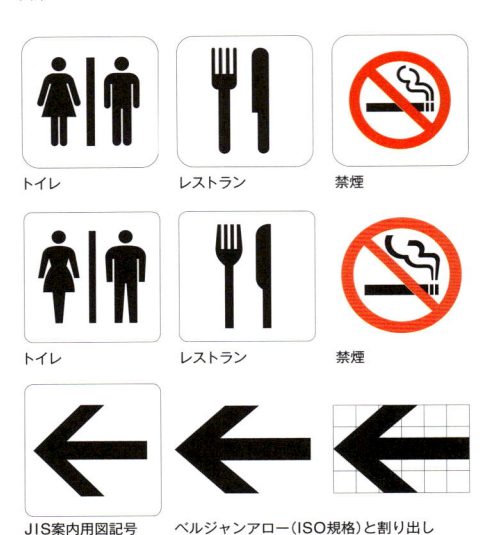

ミュンヘンオリンピックのピクトグラム

トイレ　　レストラン　　禁煙　　陸上　　ボート　　フェンシング

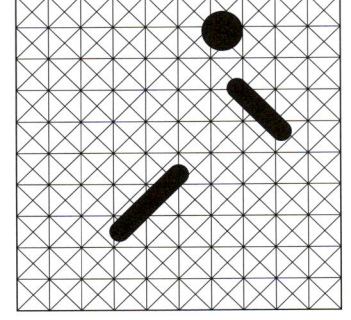

トイレ　　レストラン　　禁煙　　カヌー

JIS案内用図記号　　ベルジャンアロー（ISO規格）と割り出し

割り出し

ピクトグラムは、絵記号とも言う。オリンピックや万国博覧会、空港などで、世界中の人々が一目でわかる、言語の壁を超えた絵記号が有効と開発された。
ミュンヘンオリンピックでは、システマティックな手法でデザインされた。
コンピュータやモバイルなどではアイコンという名称がなじみがあるだろう。両者は現在では事実上境界がないが、アイコンにはロゴがそのまま使用される場合も多い。ピクトグラムやアイコンも無数にあるので、シンプルなデザインは類似に気をつける。
JISやISOで定められているピクトグラムや国際ピクトグラムは著作権フリーで使用できる。

1.15 パターン

ストライプ
チェック

水玉
ストライプと水玉の組み合わせパターン

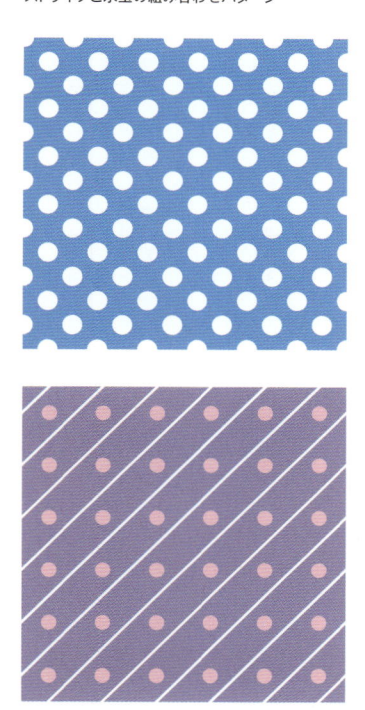

パターンすなわち柄の根本は、ストライプ、水玉、
チェック(格子)の3種類である。あらゆる
パターンは先の3つのいずれかに含まれるか、
その組み合わせによって創られている。

1.16 結び

最小交点数7までの結び目の分類

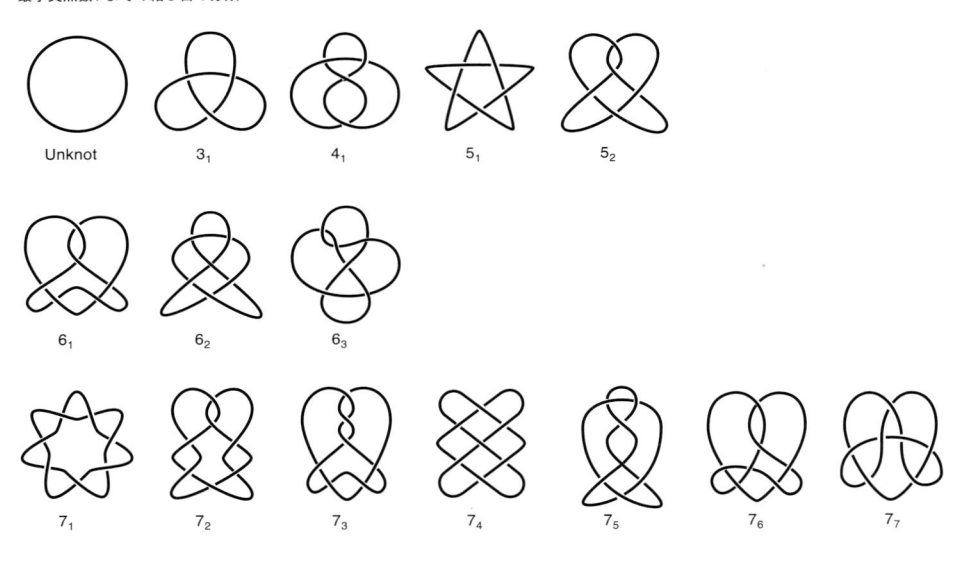

Unknot　　3_1　　4_1　　5_1　　5_2

6_1　　6_2　　6_3

7_1　　7_2　　7_3　　7_4　　7_5　　7_6　　7_7

デザインは科学である。ファインアートは
説明不要であるが、デザインは形と色を持ち、
それらは説明可能でないといけない。とりわけ
長期間使用するロゴには形の持つ意味が重要になる。
そして、形態は数学や物理学、心理学など
自然科学の法則やふるまいに無縁ではない。
前述の幾何学、比率、錯視、多面体の項は最重要
テーマとして取りあげたが、他に、結び、タイリング、
フラクタルなど重要なテーマがある。

結びは歴史的にも、文様、祝儀袋の水引き、
ロープの縛り、ネクタイ、荷造りなど身のまわりに
多く利用されてきた。
両端をつないだ輪を考えたとき、結び目とは変形
させてもひとつの丸い輪にできない、閉じた曲線
を意味する。

1.17 タイリング

アルハンブラ宮殿の壁画装飾
アルハンブラ宮殿の壁画装飾

アルハンブラ宮殿の壁画装飾
日本の伝統文様

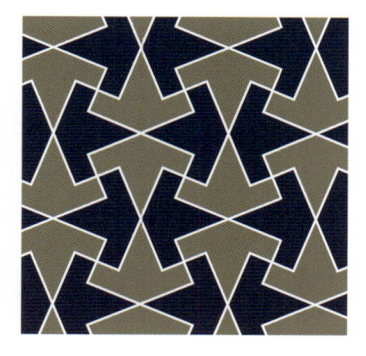

タイリングとは、一定の図形で平面を埋め尽くす手法のこと。
イスラム文化では偶像崇拝が禁止されていたため、人や動植物のパターンは存在せず、幾何学的パターンが発達した。

1.18　フラクタル

コッホ曲線（雪片曲線）

カントール集合 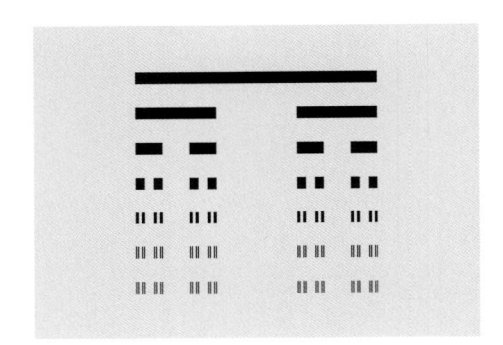
シェルピンスキーの矢じり

自然界には、ズームアウトして見たときとズームインして見たときが同じような形をしたものが多々ある。例えばシダの葉や、リアス式海岸などである。このような構造がフラクタルであり、フラクタル構造を持つ形をフラクタル性があると言い、自己相似形とも呼ぶ。
上図は、フラクタル構造を数学的に表したものである。

1.19 カラーの問題

ロゴのカラー分布　1992

『CI＝マークロゴの変遷』太田徹也 編・著　1992 六耀社

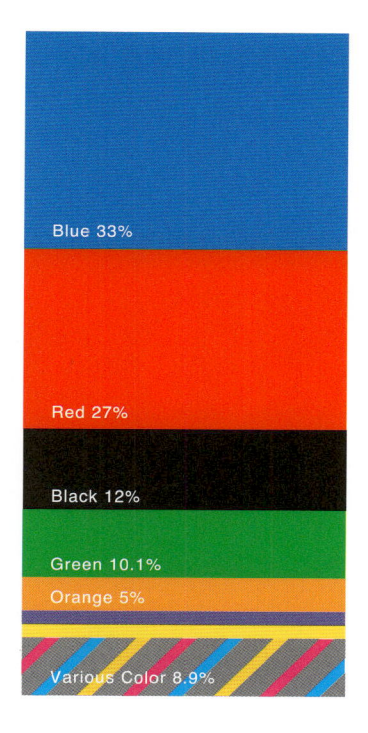

Blue 33%
Red 27%
Black 12%
Green 10.1%
Orange 5%
Various Color 8.9%

ロゴのカラー分布　2007

『資料/マーク・シンボル・ロゴタイプ・カラー篇5-12』1993-2007
グラフィック社コーポレートアイデンティティ・カテゴリーより調査

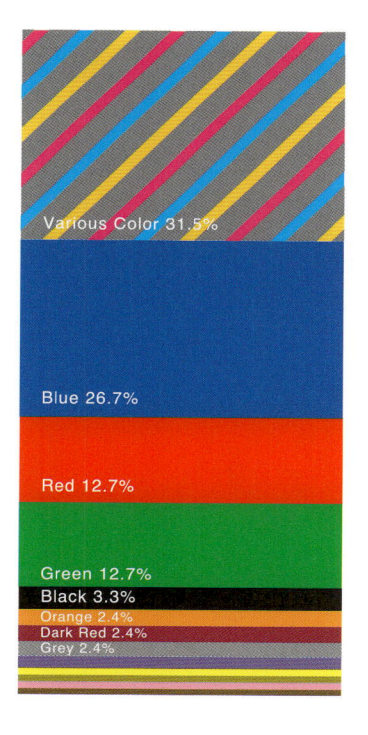

Various Color 31.5%
Blue 26.7%
Red 12.7%
Green 12.7%
Black 3.3%
Orange 2.4%
Dark Red 2.4%
Grey 2.4%

世の中のロゴのカラーで、いちばん多く使われるカラーは？答えはブルー。2番は赤、3番以下はだいぶ差がついて黒とグリーン、やや少数でオレンジ、さらに少数派でパープル、イエローと続き、その他は多色のロゴとなる。というのは20年前の話（上図）。その15年後は右図のような分布に推移する。ブルーに代わって多色のロゴが1位となり、以下は順繰りに少なくなっている。これは印刷コストが低下したこと、モニタで見ることを意識したこと、単色では独自性が出しにくくなったことなどが言えるだろう。ブルーは濃紺、マリンブルー、スカイブルーとさまざまあるが、多く使われる理由は、清潔感があり嫌いな人がいないことだろう。それと重要なことは、赤同様印刷特性が良い点。カラー印刷する場合に印刷インキのCMYK（シアン、マゼンタ、イエロー、ブラック）のうちCやMの100%が使えることだ。シアン版やマゼンタ版がベタ面となるので網点による色のぶれが少ない。グリーンの増加は環境への意識が高まったことを物語っている。

1.20　マーク＆ロゴタイプスタイル
　　　　ロゴタイプスタイル

マーク＆ロゴタイプスタイル

ロゴタイプスタイル

ロゴには、ブライトンホテルや山陽電車など
シンボルマーク（マーク）とロゴタイプを
組み合わせたスタイルと、MATCHやRマークの
ようにロゴタイプだけのスタイルがある。
マーク＆ロゴタイプスタイルを選択する理由と
しては、ロードサイドのガソリンスタンドや銀行、
ホテル、ファーストフードレストランなど、
ドライバーからの視点を考えて、100〜200mの
距離からでもキャッチされやすいので有利であり、
読むことよりも視ることを重視する場合だ。

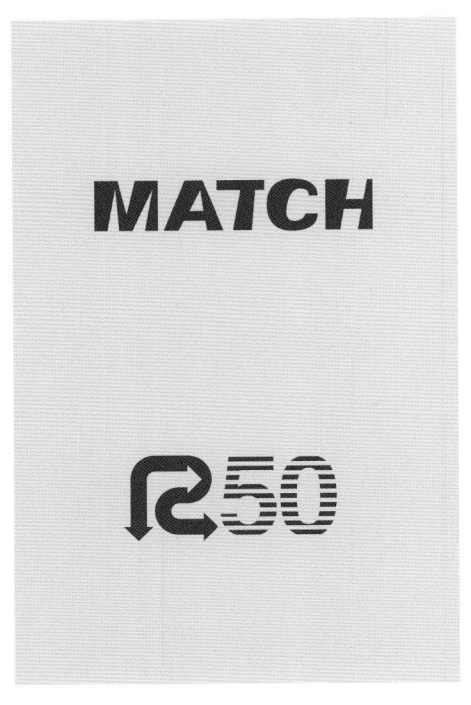

ロゴタイプスタイルを選択する理由としては、
商品や、繁華街のショップやレストランなど、視る
ことよりも読むことを重視する場合と言える。
特例として、シンボルマーク（マーク）のみで表示
するケースがある。アップル、ナイキなどだ。
これらはシンボルマークが周知のデザインであり、
ブランドの強烈なアイコンとして機能している故で、
普通のブランドでこの方法を使用すると
ブランドが認知されない危険性がある。マーク＆
ロゴタイプスタイルでは、ロゴタイプは個性の強く

イニシャルスタイル

ないタイプフェイスで構成する。シンボルマークとの主従の関係をつくって互いに主張しすぎないようにする。予算があり、オリジナリティを重視する場合は、ロゴタイプもオリジナルで制作するが、通常は既成のフォントを使用することも多い。
既成のフォントを組んでロゴタイプスタイルで使用する場合は、フォントメーカーによっては知的財産権に抵触するので要チェック。
ロゴタイプスタイルの変形としてイニシャルスタイルと言えるロゴがある。JRやIBMなど、名称が長いため、イニシャル化してロゴとしたものだ。ただし、3文字の略称などは組み合わせが限られており、呼称商標としては登録は難しい上に、すでに世の中に存在している可能性が高く、混同される危険性を覚悟しなくてはならない。

1.21 動植物・人物・鉱物・天体

動物、植物
人物、鉱物
天体

道具、建造物（乗物）
抽象形態、文字・記号

ロゴデザインのうち、シンボルマークのモチーフは、大きく分類すると、具象・抽象群と文字・記号群に分かれる。その具象の大半が、人物・動植物・鉱物・天体である。他には道具、建造物・乗物などがある。抽象群は、幾何形態が多いが、アメーバのような不定形の形態もありうる。文字記号類とともに、日頃から関心を持っていたい。もちろん、複数のモチーフが複合融合されているロゴも多い。
モノグラムは、前述のイニシャルスタイルと似ているが、順序があって読ませるものではなく、文字が組み合わさってシンボル化したもので、文字をモチーフとしたシンボルマークであり、イニシャルスタイルとは区別される。

2.01 ヒアリング、予備知識

デザインすべてに当てはまることだが、ロゴデザインも「知ること」から始まる。アートのように依頼者も目的もなく創れるものではない。目的を見極めるためにヒアリングを行う。クライアントの決定権者からヒアリングすることが望ましいが、担当者からの場合も多い。
また、広告代理店を通じて聞く場合もある。通常、業界ではオリエンテーションと呼ばれ、クライアントまたは広告代理店から発表されることが多い。
相談という形で行う場合は、こちらで聞きたい内容を準備しておく。聞くべきことの中心は、理念、歴史、現在、将来への展望である。
グラフィックデザインは、発注があってから完成デザインを納品するまでのスパンが短い。スタート時点から勉強していては間に合わない場合が多いので、普段からいろんな事柄に興味を持って勉強しておくべき。特に科学、世界の文化など、すぐに聞ける人が見つからないような分野が役に立つ。英語やITなども重要。詳しい人が割と近くにいることが多いので比較的援助は求めやすいが、ヒアリングの最中に即座に答えや間違いを指摘できるくらい勉強しておくことが望ましい。
科学は、物理、化学、数学、生物学、天文学など専門分野が細分化されているため、それぞれの専門家をつかまえて聞ける立場にある人はまれであろう。デザイナーは無から有を創るので、ある種の錬金術であり、科学を超えたものとも言える。だからこそ、超えるべき科学についての見識が必要となる。

2.02　決定の方法の確認

どういう決定方法で、最後に誰がデザインの決定をするのかということ。この決め方というのが意外と重要で、それによって採用される案が変わってくる。ワンマン社長の鶴の一声で決めるケースもあれば、多数決で決めるケースもあり、公共的な仕事だと合議制で決めるケースが多い。
ワンマン社長のケース、社長または社長が任せた全権者にセンスがある場合は、本当に良い案がすんなり決まる。もちろんCIチームを組んで意見を聞くのだが一人の人間が決めるのが基本になる。大勢が「好き嫌い」を言い始めるといつまでも決まらないが、決定者の「好き嫌い」イコール「良い悪い」なら言うことはない。
決定者と担当者または代理店担当者との意思の疎通が図られていない場合。何度もやり直しをすることになり悲惨。
多数決で決めるケース。少数意見を切り捨てるルールなので、無難な案になりがち。守りの戦略としてのデザインならありうるが、新規事業や巻き返しの戦略では野心的な案が採用されない。
合議制で決めるケース。日本的な決め方。多数決と違うところは、反対意見がなくなるまで合意を得て決めること。合意がなければ、A案とB案の間の案とか、折衷案とかを求められることもある。良くない結果に終わることも多いが、見せてみないと納得してもらえなく、良いデザインになる可能性もゼロではないので、デザイナーとしては創ってみるしかない。一人が責任をとるシステムではないので、あらゆる可能性を確認したいのである。
好き嫌いの議論にならなければ良い結果になると思う。ただし時間はかかる。
社員全員で投票するケースもある。この場合は1位になったデザインをそのまま採用するということではなく、1〜3位の中から選ぼうとか何位以下は切り捨てようとか、参加意識を高めながら案を絞り込む目的でなされる。
コンペのケース。代理店のコンペとデザイナーのコンペがある。ロゴのみのコンペなのか、他のデザインや計画の一部なのかによって、創る内容が変わってくる。ロゴのみのコンペなら案は1〜3案程度。ロゴがコンペの一部の場合は案は1案で良いと思う。広告物などに展開する場合は広告デザイナーが使いやすいロゴにする。

2.03　予備調査

Logo Image Map

```
Logo Image Map    Sophisticated



Conservative                Innovative



                  Friendly
```

ヒアリングによる、求められる「イメージ目標となるロゴ」の収集。「競合他社のロゴ」の収集と分析。「イメージ目標のロゴ」は、これから創ろうとする世の中にある理想のロゴである。たとえば、ブライトンホテルのロゴとか、Rマークとか。業種は問わず、理想はこうですかとクライアントに確認するためのもの。それによって、クライアントの求めるものが、かっこいいものなのか、誠実さを出したものなのか、読みやすいものなのか、優しいものなのか、楽しいものなのか、あるいはびっくりするようなものなのか、狙うべき方向性が見えてくる。
「競合他社のロゴ」の収集と分析は、クライアントサイドで用意してくれることも多い。当然よく知って意識していることもあるからだ。この場合は、ロゴの出来不出来は問わない。クオリティは低くても方向性があっている場合も多いからだ。機械メーカーでは、やはり堅くてどっしりしたロゴが多い。競合他社のロゴについて、こんなところは見習うべき、または良くないなどをチェックする。これから創るデザインはそれをどこまで出すのか、または出さないのかを考える際のベースの資料となる。

「イメージ目標のロゴ」と「競合他社のロゴ」を合わせて、マッピングシートを作る。筆者がよく用いる軸は、横軸に「保守(Conservative)－革新(Innovative)」、縦軸に「洗練(Sophisticated)－親しみ(Friendly)」と取り、目指すロゴはどの象限に位置するのかを提示する。あなた方の求めるロゴのイメージはこの辺ではないですか、というわけで、マップ上で確認できるので、ぶれることがない。求めるエリアから外れるデザインは採りあげられないはずだからだ。
というのは、イメージのことであるから、感覚的で判断の個人差が激しい。ある人が伝統的であると感じても別の人は革新的であると感じることもままあること。マッピングシートをひっくり返すような事態も起こりうる。イメージマップは、指標にはなるが決定的なツールとは言えない。

3.01　コンセプト策定

4.01　アイデアの方法模索

5W1H

Who
What
When
Where
Why
How

誰が、何を、いつ、どういう場所場面で、何のために、どのように？ いわゆる5W1Hを確認しておく。その企業なり商品なりの特性をどう見せていくか、関係するスタッフがいるときは、デザインコンセプトを言葉にして共有すると、関連する制作物にぶれが発生しにくい。

「アイデアは無限である」とは、ロサンゼルス・オリンピックのロゴをデザインしたロバート・マイルス・ラニアンの言葉。だが、アイデアは、一人の人間の頭から泉のようにわき出るものではない。筆者も今回はアイデアが何も出ないのではないかという恐怖に駆られることもよくある。ここでいうアイデアは、類型的で平凡なアイデアではなく新鮮なアイデアという意味である。大手CIデザインの事務所では、数名のデザイナーがアイデアを出すこともあり、バラエティに富んだアイデアの幅を持たせることもある。各国に事務所があり、自社で国際コンペができるほどの会社もある。しかしながら、アマチュアに近いデザイナーが何人束になっても、本当のプロフェッショナルのデザイナーにはかなわない。デザインは量ではなく質の問題だからだ。目方売りできるものは、アイデアを売りにするデザインとは言えない。何日徹夜して創ろうが、3分で創ろうが、デザインの質の善し悪しとは無関係なのだ。筆者がデザイン事務所に勤めていた頃は、デザインアイデアを出すのが速かったので、「念写する」と呼ばれていた。とはいえ毎回そんなことができるほど天才でもないので、何日も苦悩することも多かった。

4.02 方向性

プレゼンテーションでは最低3案提案する。
その3案は、それぞれ違う方向性を持った案を創ることになる。たとえば、A案は正統でまじめな案。B案は女性に受けるソフトな雰囲気の案。C案は斬新な案という風に。ところがデザイナーが自主的に案を創ると、違った方向性を出したつもりでも他者から見ると同じデザイナーが創ったことがわかるほど、デザイナーの個性が出てしまう。
筆者もそうであったが、勤めていた企画デザイン事務所のボスはプランナーで、デザイナーの陥る作家性を指摘できる人であった。B案は、より女性的でスクリプト体をベースにするなど自由曲線の表現とか、C案はこれまでにない着眼点があったり、クライアントの予想を裏切るような案という風に。
筆者が作家性を超えたバラエティのある、広角度のデザインができるようになったのは、勤めていた会社の社長やプランナーに鍛えられたことが大きい。

4.03 モチーフの探索

ロゴのデザインにおいて、何を題材(モチーフ)とするか。当初の課題と言える。大きくは、
ネーミング由来のモチーフ、理念およびコンセプト由来のモチーフに大別できる。
社名またばブランド名のイニシャルやネーミングの文字をモチーフにする方法と、理念やコンセプトからビジュアルを求めていく方法である。
もちろんその両方も考えられる。むしろ現代では複数のモチーフを兼備したロゴにする必要が求められる。

4.04 スーパーロゴという考え方

家紋（丸に二ツ引き、亀甲）

4.05 ロゴの評価基準

昔のロゴ　　　　　スーパーロゴ

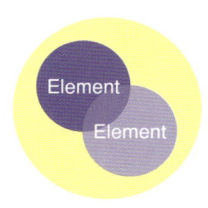

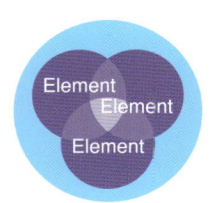

現代では、単独のモチーフ、例えば「丸に二ツ引き」や「亀甲」の家紋などのように、単純な形では、ロゴデザインがあふれている現代では、独自性を確保できないので、ユニークあるいは複雑な造形が必要とされる。
筆者が推進している技法は、3つ以上のモチーフを併用しながら融合させるロゴ「スーパーロゴ」である。スーパーロゴは、本来ロゴの機能として持つシンプリシティを保ちながらオリジナリティを確保する手法である。3つ以上のモチーフを融合させながら完成度を上げるのであるから、相当なプロのテクニックを要求される。

ロゴを提案するにあたって、いくつかの基準をパスする必要がある。
1.視認性　2.展開性　3.普遍性　4.国際性
5.環境適応性　6.コンセプトの反映　7.独創性
8.美的造形性、などである。
4.05.1　視認性（Visibility）。形や色がはっきり見え、かつ読めること。白地にレモンイエローのロゴがほとんどないのは可視性が悪いから。

ある文字が別の文字に見えたりするのはNG。この場合は可読性が悪いという。
4.05.2　展開性（Expandability）。ロゴであれば、名刺サイズの天地数ミリからビルボードなどの左右数メートルのサイズまで展開の可能性があり、特に小サイズで使う場合に、線や隙間が細すぎると途切れたりくっついたりする。またグラデーションやトーンがあるとシルク印刷や型抜き加工などができない。または費用が大きくかかるなど、ロゴとしてハンディキャップを負うことになる。時には、バッジやサインプレートなどに展開したデザインを見せることもある。
4.05.3　普遍性（Timeless）。期間限定のロゴ以外は最低10年間は使う。10年、20年後に古びないよう今の風潮だけに左右されないことを心がける。
4.05.4　国際性（Internationality）。日本国内だけでなく海外への展開を考慮する。香港などでは薄い水色は不吉な色とされる。また、国旗をモチーフに使うには注意が必要。
4.05.5　環境適応性（Environmental Adaptability）。グラフィックデザインであるロゴ

216　ロゴデザインの基礎知識

ロゴの評価基準

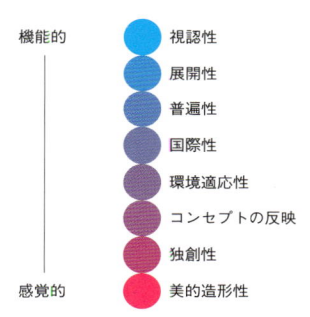

機能的 — 視認性
　　　　展開性
　　　　普遍性
　　　　国際性
　　　　環境適応性
　　　　コンセプトの反映
　　　　独創性
感覚的 — 美的造形性

デザインは、通常建築やプロダクトデザインよりあとに発注される。ロゴの依頼を受けた時点では建築の図面が決定していて建設も着工されていることもしばしばだ。建築と同等の使用期間であるはずが、これはおかしいのだが現実である。建築のコンセプトとイメージが既成の事実として存在するので、先行するデザイン環境に寄り添う形で進めるべきだろう。

4.05.6　コンセプトの反映（Reflection of the concept）。企業が100社あれば企業理念も100とおりある。その企業やテーマに沿ってデザインも100違うデザインができるはずである。

4.05.7　独創性（Originality）。独自性があることは大事なことだが、アーティストに依頼するとそのアーティスト独自のデザインができる。ただし、業種や利用者のことを考えて使い分けができないので、依頼する前から答えは決まっているようなもの。しかし、デザインなのだからどんな業種でも金太郎飴では困るのだ。

ロゴデザイナーが、今まで見たこともないデザインを開発するのは至難の業だが、文字や事物を万人が認識できるようデザインするのであるから、少し何かに似ているのは宿命と言える。極端な例は、道路標識やトイレのピクトグラムだ。誰もが頭の中でイメージするかたちに近くないと機能しない。公共のピクトグラムは最も独創性を許さない特別なカテゴリーだが、似た状況は、広範囲に展開するロゴデザインにも起こりうる。

4.05.8　美的造形性（Aesthetically）。美の基準は民族や個人によって、また時代によっても変化する。実はこのロゴの評価基準の順番は、理性的（機能的）なものから感覚的なものへの順になっている。しかしながら大多数から好感の持たれる造形は確かにある。

5. プレゼンテーション

プレゼンテーションの場で説明する人はプレゼンターと呼び、ロゴデザインだけでない全体計画の提案の場合は、代理店または独立系のプランナーないしはクリエイティブ・ディレクターがプレゼンターをつとめる。デザイナーは出席しないことが多い。ブランドデザインやロゴデザインだけの場合は、デザイナーに質問を求められることが多いので、ほぼ、デザイナーがプレゼンターをつとめることとなる。
3案提案する場合でも10案の場合でも、デザイナーさんのおすすめはどれですかと聞かれることは覚悟しておくべき。3案に絞って提案するときは、3案のうちどれを選んでもらっても、自信を持って世の中に出せるデザインを提示するようにしている。それでも、いち押しの案はデザイナー本人にはわかっているのが当たり前。10案の場合でも7割はそのまま使えるくらいのクオリティに仕上げるが、3割は多様な方向性を重視し、修正は決まってからしていくような案にしたい。

6. 再提案

大手企業ともなると、チェックする部署が多く、意外な反対意見とか、想定外のモチーフが浮上してきてその方向で何案か加えてほしいということなどがよくある。10案出してすべて違うという場合には、再度ヒアリングすべきだろう。10案がボツになっても、また10案だせるくらいのパワーはロゴデザイナーとしては持っていたい。

7. 類似調査

デザインした案は、オリジナルのつもりでもすでに世の中に出ているデザインに酷似している場合がある。デザイナーはあらゆるロゴデザインを日々注意して見ているので、デザイナーの目も相当確かであるが、違う観点から特許庁のサイトで検索してチェックすることも忘れてはならない。ネットで検索することも有効。

プレゼンテーションが3案に絞られたらその3案についてチェックする。商標のカテゴリー（類）によっては、膨大な数に上ることもあり、検索が難しい場合は専門家である弁理士事務所に相談する。

大きなプロジェクトなら、3案に絞られた時点で、決定案が類似で引っかかったときの次善策として3案とも類似調査をかけることもある。

デザイナーは日々、新聞広告での新しいブランドの発表、新規上場による新ロゴの発表、合併による新会社のロゴの発表など、ファイリングまたは記憶しておき、類似のないよう心がけるべきである。『日本タイポグラフィ年鑑』、『資料/マーク・シンボル・ロゴタイプ』、『ロゴワールド』など、毎年の年鑑をロゴの資料として持っておく。

弁理士の類似判定ももちろん大事だが、デザイナーとしての視点からも、印象としての類似を避けるよう心がけたい。クライアントに「どこかのロゴに似ている」と言われたら、並べて見ると全然違うことがほとんどだが、クライアントは専門家ではないので、一旦似ていると思ってしまうと気になるものである。迅速に対応して当該のロゴと並べて提示したい。その場でパソコンで検索して比較できれば上々。ロゴを使ったり見たりするのはデザイナーではなく一般の人々なのだから。デザインはデザイナーのものではない。

ある程度の規模の会社やブランドでは、商標登録をすることが望ましい。正式な商標調査や商標登録は知財事務所ないしは弁理士の仕事だが、いくらくらいかかるかは知っておいた方が良い。特許庁での出願料は決まっており、1件30万円弱かかる。これは1分類の場合で、類が複数になるとその分掛け算になり、調査方法や弁理士の手法によっても違いがある。また、海外での商標権を取得するとなると、国ごとに出願することになり、かなりの費用がかかる。相談できる弁理士とつながりを持つと良い。大手企業では通常、法務担当部署で行う。

高田雄吉
Yukichi Takada

1953年 大阪市生まれ
大阪府立市岡高等学校、大阪芸術大学芸術学部デザイン学科卒
主な仕事に、ブライトンホテルCI、山陽電鉄CI、京都橘大学CI
ダイワハウスマンションCI、中部電気保安協会CI
主な受賞に、愛知万博誘致シンボルマークコンペグランプリ
大阪府ドーンセンターシンボルマークコンペグランプリ
ウクライナエコポスタートリエンナーレ奨励賞（2003・2006）
ジシュフ国際シアターポスタービエンナーレ2015 FUD-UJEP特別賞
日本タイポグラフィ協会理事（元理事長）、日本CI会議体幹事
総合デザイナー協会理事、日本グラフィックデザイナー協会会員
ニューヨーク タイプディレクターズクラブ会員
大阪芸術大学客員教授

有限会社CID研究所
www.cid-lab.info

参考文献

『平安紋鑑』京都紋章工芸協同組合　京都紋章工芸協同組合平安紋鑑刊行部　1936
『書体デザイン』桑山弥三郎　グラフィック社　1971
『古代文字』日向数夫　グラフィック社　1972
『シンボルの原典』H・ドレイファス　グラフィック社　1973
『別冊太陽　琳派百図』平凡社　1974
『別冊サイエンス：視覚の心理学・イメージの世界』本明寛 編　日本経済新聞社　1975
"Grid systems in graphic design"　Josef Müller-Brockmann　Verlag Niggli AG　1981
『西洋の紋章とデザイン』森護　ダヴィッド社　1982
『字統』白川静　平凡社　1984
『現代書道字典』阿保直彦　木耳社　1989
『フラクタルとは何か』小川泰　岩波書店　1989
『世界の文字の図典』世界の文字研究会編　吉川弘文館　1993
『日本家紋総鑑』千鹿野茂　角川書店　1993
『人間と文字』矢島文夫 監修　平凡社　1995
『美のジャポニスム』三井秀樹　文藝春秋　1999
『世界のサインとマーク』村越愛策 監修　世界文化社　2002
『かたちの事典』高木隆司 編　丸善　2003
"Type & Typography"　Phil Baines & Andrew Haslam　Laurence King Publishing　2005
『欧文書体　その背景と使い方』小林章　美術出版社　2005
"Otl Aicher"　Markus Rathgeb　Phaidon　2006
『デザイン解体新書』工藤強勝 監修　ワークスコーポレーション　2006
『資料マーク/シンボル/ロゴタイプ/カラー篇 5-12』長谷川純夫・小林茂二 編　グラフィック社　1993-2007
『文字は語る』モリサワ　2008
『自然界の秘められたデザイン』イアン・スチュアート　河出書房新社　2009
『デザインのための数学』牟田淳　オーム社　2010
『欧文組版　組版の基礎とマナー』高岡昌生　美術出版社　2010

制作

アートディレクション / デザイン
高田雄吉

協力
湊誠二
アイ・エフ・プランニング

撮影
原俊彦
星川新一
福田拓
西澤智和（ニーモック）
松本憲幸

CG製作
リメックス

立体製作
アニマート
オフィスレット

ロゴロジック

2013年11月22日　第1版第1刷発行
2021年6月6日　　第2版第1刷発行

著者　高田雄吉

発行元　株式会社パイ インターナショナル
〒170-0005 東京都豊島区南大塚 2-32-4
TEL 03-3944-3981　FAX 03-5395-4830
sales@pie.co.jp

印刷・製本　シナノ印刷株式会社

©2013 Yukichi Takada / PIE International

ISBN978-4-7562-4425-3　C3070
Printed in Japan

本書の収録内容の無断転載・複写・複製等を禁じます。
ご注文、乱丁・落丁本の交換等に関するお問い合わせは、小社まで
ご連絡ください。